Michael Heinrich

Architekturfotografie

Michael Heinrich

Architekturfotografie

BIRKHÄUSER

BASEL

Inhalt

DER ARCHITEKT UND DIE MEDIEN _71

SCHLUSSWORT _73

ANHANG _74

Vorwort

Die Darstellung der eigenen Arbeiten ist für Architekten ein wesentliches Mittel, um sich der Fachwelt zu präsentieren und Neukunden zu finden. In Publikationen, Zeitschriften, Bürobroschüren oder auf Webseiten veröffentlichen Architekten Pläne, Perspektiven und Fotografien ihrer Gebäude. Die Qualität der Abbildungen ist hierbei von großer Bedeutung, da sie für den Architekten oft das einzige Medium sind, Außenstehende über sein Werk zu informieren.

Neben der Präsentation nach außen erfüllt die Fotografie in der Architektur noch weitere Zwecke. Eine Kamera ist Wegbegleiter auf Baustellen, Reisen und bei Besichtigungen; sie hält gebaute Beispiele, Eindrücke und Anregungen fest, sodass sie später für die eigene Arbeit genutzt werden können.

Ein Gebäude abzulichten, stellt besondere Anforderungen an den Fotografen. Gebäude lassen sich nicht im Fotostudio optimal in Szene setzen und belichten. Sie sind Teil des öffentlichen Lebens, stehen oft in einem engen städtischen Kontext zusammen mit anderen Gebäuden, sie werden alltäglich genutzt, sind bewohnt und der Witterung ausgesetzt. In der Darstellung sind diese Faktoren nicht immer erwünscht und stellen aus diesem Grund sowohl eine technische und als auch eine ästhetische Herausforderung dar. Gerade für die Belange des Architekten ist es wichtig, dass die Fotografien auch seine Intentionen und Entwurfsprinzipien wiedergeben. Somit ist die Architekturfotografie keine bloße Dokumentation, sondern immer auch ein Gestaltungsmedium, in das neben fotografischen Kenntnissen auch die Sichtweise der Architektur einfließt.

Der Band *Architekturfotografie* bildet einen wichtigen Baustein im Themenbereich Darstellung. Um Studenten selbst das Fotografieren von gebauter Architektur und eigenen Arbeiten zu ermöglichen, werden zunächst die technischen Grundlagen erläutert. Im Kapitel Bildanalyse werden typische Gestaltungsparameter einer Architekturfotografie beschrieben und mit beispielhaften Fotografien veranschaulicht, um anschließend gängige Vorgehensweisen bei der Aufnahme aufzuzeigen. Da die Bearbeitung von Bilddaten in der Architekturfotografie zum Alltag gehört, werden anhand von Beispielen verschiedene Möglichkeiten der Weiterverarbeitung von Bildmaterial sowie der digitalen Bildbearbeitung erläutert. Dieser Band vermittelt Architekturstudenten und anderen Interessierten ein breites, praxisnahes Fundament für das eigenhändige Erstellen hochwertiger Aufnahmen.

Bert Bielefeld, Herausgeber

Einleitung

Architekten, Städtebauer und Fachplaner entwickeln ihre Vorstellungen von Architektur zu einem großen Teil mit Hilfe von Architekturfotografien. Die Architekturfotografie übernimmt sozusagen die Vermittlerrolle zwischen Architektur und Betrachter. Eine Fotografie kann ein Gebäude jedoch nie vollständig wiedergeben, da immer nur eine bestimmte Perspektive des Objektes sichtbar ist. Der Fotograf wählt einen bestimmten Standpunkt und entscheidet so über das, was er dem Betrachter zeigen möchte. Daher ist es sinnvoll, sich vor dem Fotografieren inhaltlich mit der Architektur auseinanderzusetzen, die abgebildet werden soll.

Die Reduktion eines dreidimensionalen Gebäudes auf ein zweidimensionales Medium stellt eine wesentliche Schwierigkeit bei der Darstellung von Zusammenhängen und räumlichen Eindrücken auf fotografischem Wege dar. Dies gilt es immer zu beachten, darüber hinaus entsteht ein Konzept für die Vermittlung architektonischer Inhalte aus der Analyse der Gebäudestrukturen, der entwurflichen Grundgedanken und dem Kontext des Gebäudes. Natürlich ist neben dem architektonischen Verständnis auch das Wissen um die technische Umsetzbarkeit, ein Sinn für Proportionen und die richtige Wahl der Bildinhalte erforderlich. > Kap. Bildanalyse

Die technischen Grundlagen der Fotografie, der Bildanalyse und Durchführung von Fotoaufnahmen sowie der Weiterverarbeitung von Architekturfotografien werden in den folgenden Kapiteln erläutert.

Fotografische Grundlagen

Um alle Möglichkeiten eines Fotoapparats auszuschöpfen, ist ein Grundverständnis über dessen Funktionsweise nötig. Während die fotografischen Grundbegriffe wie Blende, Brennweite oder Bildwinkel in diesem Kapitel erläutert werden, ist deren praktische Verwendung Inhalt des Kapitels „Der Fotoapparat".

Der fotografische Prozess wird durch drei wesentliche Elemente geprägt. Zunächst schafft die Optik über die Lehre vom Licht die Grundlagen der Wahrnehmung durch das menschliche Auge. Zudem bestimmen die physikalischen Gesetze der Strahlengänge die Prinzipien der Abbildung. Um eine Abbildung der Nachwelt zu erhalten, ist als drittes Element die Fixierung des Bildes notwendig.

OPTIK

Um visuell etwas wahrnehmen zu können, ist Licht unerlässlich. Licht ist der für den Menschen sichtbare Bereich der elektromagnetischen Strahlung von etwa 380 bis 780 Nanometer (nm) Wellenlänge. Die Farbe des Lichts ist durch seine Wellenlänge definiert. Strahlung mit einer Wellenlänge unter ca. 380 (ultraviolettes Licht) und über 780 nm (infrarotes Licht) wird vom Auge nicht mehr wahrgenommen. Licht und Farbe

Gesehen wird nicht der Gegenstand selbst, sondern die von ihm reflektierten Lichtstrahlen. Trifft Licht auf eine Fläche, werden einige Anteile in alle Richtungen reflektiert, andere absorbiert. Nur bei einer spiegelnden Oberfläche ist die Reflexion gerichtet. Bei farbigen Oberflächen wird ein Anteil des auftreffenden Lichts von der Oberfläche absorbiert, sodass nur der reflektierte Strahlungsanteil vom Auge wahrgenommen wird. Fällt weißes Sonnenlicht auf eine grüne Fläche, werden die roten Anteile des Lichts geschluckt, die restlichen Anteile ergeben den sichtbaren Grünton.

Im Auge fallen die reflektierten Lichtstrahlen durch die Hornhaut, die Pupille und die Linse und treffen dann auf die Netzhaut. In den Fotorezeptoren der Netzhaut erzeugen die absorbierten Lichtwellen Reizänderungen in den ableitenden Nervenbahnen, die über die Sehbahn an den visuellen Cortex des Gehirns geleitet werden. Dort und in anderen übergeordneten Zentren werden die vom Auge stammenden Reizmuster schließlich verarbeitet und in die Empfindung von Licht und Farbe verwandelt. Das Auge

Der größte Teil der Netzhaut ist mit Sinneszellen bedeckt. Das Scharfsehen konzentriert sich jedoch beim Menschen auf nur ca. 0,02% der Netzhautfläche („gelber Fleck"). Dies entspricht etwa 2° des rund 200° umfassenden horizontalen Blickfeldes des Menschen. Eigentlich wird also nur der Ausschnitt scharf gesehen, den beide Augen mit ihren Sehachsen fixieren.

Beim Betrachten eines Gegenstandes kommt das ruhende und scharfe Bild zustande, indem die Augenmuskeln meist unbewusst nacheinander verschiedene Ausschnitte des Objektes vor den gelben Fleck rücken. Das Auge ruht also beim Betrachten nie, es führt permanent kleinste Bewegungen aus. Diese Bewegungen und die Wahl der Fixationspunkte sind in hohem Maße individuell und stehen im Zusammenhang mit den Gewohnheiten und dem Interesse des Betrachters.

Auch wenn die Augenlinse ähnlich wie bei einer Kamera ein zweidimensionales Abbild der Umwelt auf der Netzhaut erzeugt, ist räumliches Sehen für den Menschen möglich. Die Raumwahrnehmung beruht auf zwei Prinzipien: Die Entfernung eines Objektes wird erstens durch das Scharfstellen beider Augenlinsen wahrgenommen, und die Interpretation der räumlichen Tiefe beruht auf der Kenntnis der Welt und der in ihr vorkommenden Objekte im Gehirn.

Die hohe Sehleistung des menschlichen Auges wird jedoch mehr durch die „Software" bestimmt als durch die „Hardware", wie sich mit optischen Täuschungen leicht beweisen lässt. Für das Verständnis des Gesehenen – Realität oder deren Abbild auf einer Fotografie – ist die Verarbeitung im Gehirn weitaus wichtiger. Wenn das Auge also nur eine subjektive Wahrnehmung erlaubt, ist eine Fotografie auch immer nur eine subjektive Wiedergabe der Wirklichkeit. Somit wird deutlich, wie wichtig die persönliche Aussage des Fotografen ist, da sie letztendlich für das Bild bestimmend ist.

PRINZIPIEN DER ABBILDUNG

Jeder Gegenstand, ob er leuchtet oder reflektiert, sendet in alle Richtungen Lichtstrahlen aus, die sich geradlinig ausbreiten. In einem lichtdichten Raum, welcher nur über ein sehr kleines Loch verfügt, kann von jedem Strahlenbündel nur ein ganz geringer Teil die Öffnung passieren und sich als Punkt auf der gegenüberliegenden Seite der Öffnung abbilden. Aus der Summe all dieser Punkte wird ein Abbild erzeugt. Nach diesem Prinzip arbeiten die ersten Vorläufer des Fotoapparats, die Lochkamera oder Camera Obscura, die vermutlich schon von Aristoteles im 4. Jahrhundert vor Christus entdeckt wurde. > Abb. 1

Linsen   Bei einer Lochkamera entsteht jedoch das Problem, dass durch die kleine Öffnung nur sehr wenig Licht eindringt und das Bild aufgrund der Strahlenmenge unschärfer wird, je größer die Öffnung ist. Daher wurden seit Mitte des 16. Jahrhunderts Sammellinsen eingesetzt, um die Lichtmenge zu erhöhen, ohne Schärfe zu verlieren. Sammellinsen konzentrieren die Strahlen, die in der Breite der Linsenöffnung eintreffen, wieder auf einen Punkt auf der gegenüberliegenden Abbildungsebene. > Abb. 2 Der Nachteil dabei ist jedoch, dass die Entfernung zur Abbildungsebene nicht mehr frei wählbar ist. Je nach Abstand eines Objektes zur Linse variiert auch auf der gegenüberliegenden Seite der Abstand zur Abbildungsebene, sodass nur mit dem spezifischen Abstand das Objekt scharf

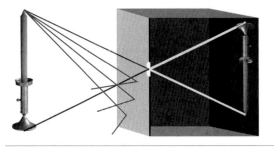

Abb. 1: Prinzip der Camera Obscura

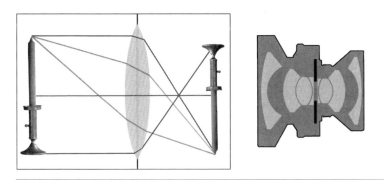

Abb. 2: Prinzip einer Sammellinse, Querschnitt durch ein Objektiv

dargestellt wird. Bei einer Camera Obscura sind alle Gegenstände unabhängig von ihrer Entfernung gleich scharf, bei einer Linse hingegen muss die Entfernung zwischen Linse und Abbildungsebene auf die Entfernung zwischen Motiv und Objektiv abgestimmt werden.

Werden mehrere Linsen zu einem optischen System zusammengesetzt, wird dieses als Objektiv bezeichnet. Ein Objektiv bündelt das einfallende Licht und lenkt es ins Innere der Kamera auf die Abbildungsebene. Dort treffen die Lichtstrahlen entweder auf eine mattierte Glasscheibe, auf der man die Abbildung sehen kann, oder auf den Film bzw. Objektiv

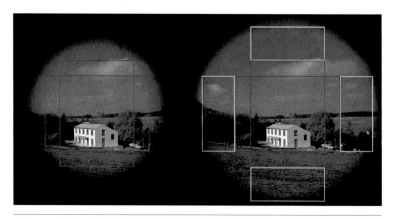

Abb. 3: Verschieben der Abbildungsebene bei großem Bildkreis (Hoch- und Querformat = roter Bereich, Shift = gelber Bereich)

Sensor zur Aufnahme. Um eine möglichst originalgetreue Abbildung der Wirklichkeit zu erhalten, werden moderne Objektive aufwendig aus Gläsern mit unterschiedlichem Brechungsindex zusammengesetzt.

Die optischen Eigenschaften eines Objektivs definieren sich über die Brennweite (f), die Lichtstärke und den Bildkreis.

Brennweite

Die Brennweite bezeichnet die Entfernung zwischen optischem System (Objektiv) und dem Punkt an der optischen Achse, an dem ein im Unendlichen liegender Gegenstand (z. B. die Sonne) abgebildet wird. Die Brennweite ist daher ein Konstruktionsmerkmal eines Objektivs.

Lichtstärke

Die Lichtstärke berechnet sich aus der größten wirksamen Öffnung eines Objektivs geteilt durch die Brennweite. Hat ein Objektiv mit einer Brennweite von 50 mm einen Linsendurchmesser von 25 mm an der engsten Stelle (dies ist meist in der Mitte des Objektivs), so beträgt die Lichtstärke 0,5. Dieses Verhältnis wird als 1:2 bezeichnet. Um die Lichtstärke zu regulieren, sind in Kameraobjektiven Blenden eingebaut, die die wirksame Öffnung verkleinern. > Kap. Fotografische Grundlagen, Fixierung des Bildes

Bildkreis

Der Bildkreis ist der Durchmesser der Projektion auf der Abbildungsebene, der die maximale Abbildungsgröße beschreibt. > Abb. 3 Für eine Abbildung muss der Bildkreis größer sein als die Formatdiagonale des Films bzw. des Sensors. Ist er kleiner als die Diagonale, kommt es zu Verschattungen in den Bildecken, sogenannten Vignettierungen. > Kap. Bildbearbeitung Ist er größer, kann mit entsprechender Gerätschaft das Bild im Bildkreis verschoben werden. > Abb. 3 und Kap. Der Fotoapparat

Bildwinkel

Der Ausschnitt des darzustellenden Objektes, der mit einem Objektiv abgebildet werden kann, ist für das Fotografieren von entscheidender Bedeutung. Er wird als Bildwinkel bezeichnet und durch die Brennweite eines Objektivs und das Aufnahmeformat der Kamera (Sensorgröße bzw.

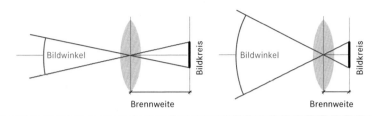

Abb. 4: Bleibt der Bildkreis gleich, bedeutet eine kurze Brennweite einen großen Bildwinkel, eine lange Brennweite einen kleinen Bildwinkel.

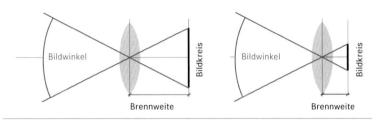

Abb. 5: Ist der Bildkreis nicht gleich groß, kann der Bildwinkel trotz unterschiedlicher Brennweite identisch sein.

Filmformat) bestimmt. > Abb. 4 und 5 Der Bildwinkel eines optischen Systems ist neben der Brennweite auch vom Bildkreis abhängig. > Kap. Der Fotoapparat, Objektive

Der Bildwinkel ergibt sich aus Formatdiagonale und Brennweite:

Bildwinkel α = 2 * arctan (Formatdiagonale / 2 * Brennweite f).

Neben dem abzubildenden Ausschnitt ist auch die Schärfe der Abbildung ein wichtiges Qualitätsmerkmal. Die Tiefenschärfe bezeichnet jenen Bereich entlang der optischen Achse, der scharf abgebildet wird. Wird ein bestimmter Punkt fokussiert, sind auch alle anderen Punkte auf der gleichen Entfernungsebene scharf abgebildet. Alle Punkte, die näher oder weiter weg sind, werden unscharf abgebildet. > Abb. 6 Bis zu einem gewissen Bereich vor und hinter der scharf dargestellten Ebene wird die geringe Unschärfe vom menschlichen Auge als scharf empfunden. Dieser Tiefenschärfenbereich ist hauptsächlich abhängig vom Abbildungsmaßstab und der Lichtstärke. Je kleiner der Abbildungsmaßstab (Größenverhältnis zwischen dargestelltem Objekt und Objekt auf der

Tiefenschärfe

Abb. 6: Unterschiedliche Tiefenschärfe bei unterschiedlicher Blende

Aufnahmeebene) ist, desto größer ist die Tiefenschärfe. Ebenso lässt sich durch Reduzierung der Lichtstärke (kleinere Blendenöffnung) die Tiefenschärfe vergrößern.

FIXIERUNG DES BILDES

Um eine Abbildung festzuhalten und zu fixieren, wird ein lichtempfindliches Aufnahmemedium wie ein Film oder ein Sensor benötigt sowie ein Verschluss, der die Zeit limitiert, in der Licht auf das Medium trifft.

Belichtung   Eine ausgewogene Belichtung, die möglichst viele Helligkeitsstufen unterscheidet, ist sehr wichtig, um zu technisch guten Ergebnissen zu kommen. Es liegt jedoch in der Hand des Fotografen, auch unabhängig von optimalen Kameraeinstellungen durch verschiedene Belichtungen die Aussage der Fotografie zu unterstützen. > Kap. Bildanalyse

● **Beispiel:** Bei Darstellung einer Landschaft mit einem Weitwinkelobjektiv ist der Bereich der Tiefenschärfe in der Regel sehr groß. Objekte in verschiedenen Entfernungen werden als scharf empfunden. Soll der Hintergrund unscharf abgebildet werden, muss die Blende möglichst weit geöffnet werden. Wird jedoch eine Briefmarke fotografiert, beträgt die Tiefenschärfe nur wenige Millimeter. Die Fokussierung muss dann sehr genau vorgenommen und die Blende möglichst weit geschlossen werden.

○ **Hinweis:** Bei der Weiterverarbeitung kann ein unter- oder überbelichtetes Bild nur begrenzt korrigiert werden. Wird eine Fotografie z. B. überbelichtet, werden helle Stellen im Bild, weiße wie hellgraue, als reines Weiß wiedergegeben. Bei der Weiterverarbeitung kann aufgrund der fehlenden Bildinformationen die Differenzierung zwischen Weiß und Hellgrau nicht wieder hergestellt werden.

Um Flächen unterschiedlicher Helligkeit richtig wiederzugeben, sind drei Faktoren ausschlaggebend: die Empfindlichkeit des Mediums, die Lichtmenge, die durch das Objektiv gelangt, und die Zeit, die das Medium dem Licht ausgesetzt wird.

Die Lichtempfindlichkeit eines Aufnahmemediums, ob Film oder Sensor, wird mit ASA, DIN oder ISO angegeben. ASA ist eine amerikanische und DIN eine deutsche Industrienorm. ISO wiederum ist der Internationale Standard, der einfach beide Werte angibt. ISO 100/21° (100 ASA, 21 DIN) gilt als Standardempfindlichkeit. Ist die Empfindlichkeit doppelt so hoch, verdoppelt sich der ASA-Wert, während sich der DIN-Wert um die Zahl Drei erhöht (ISO 50/18°, ISO 100/21°, ISO 200/24°, ISO 400/27°). ○ Lichtempfindlichkeit

Mit Hilfe der Blende wird der Lichteinfall durch das Objektiv reguliert. Objektive haben meistens Lamellen- oder Irisblenden, bei denen sich lamellenförmig angeordnete Materialien so ineinanderverschieben, dass der Lichtdurchlass enger oder weiter und das auf den Film oder Sensor einfallende Lichtbündel kleiner oder größer wird. Die Menge an Licht, die durch das Objektiv gelangt, wird durch die Blendezahl angegeben (größter Wert = kleinste Öffnung). Da sich mit der doppelten Öffnungsweite eine viermal so große Fläche ergibt, ist die Blende 8 viermal so groß wie die Blende 16. Die doppelt so große Blendenöffnung wie die Blende 8 errechnet sich aus $8 * \sqrt{2} = 11$. Die Blendenreihe, bei der jeder Schritt eine Halbierung der Lichtmenge bedeutet, lautet: 1; 1.4; 2; 2.8; 4; 5.6; 8; 11; 16; 22; 32; 45; 64; 90; 128 usw. Die Lichtstärke des Objektivs entspricht dem Kehrwert der kleinsten Blendenzahl, also der größten relativen Öffnung. Blende ●

Der Helligkeitsumfang eines Bildes wird als Kontrast bezeichnet. Der Kontrastumfang (Dynamik) beschreibt den Intensitätsunterschied zwischen dem hellsten und dunkelsten Punkt eines Bildes. Wenn ein Innenraum mit Lichteinstrahlung durch die Fenster zwischen dem hellsten Kontrast

○ **Hinweis:** Bei Aufnahmen mit schnellen, beweglichen Motiven, für die kurze Belichtungszeiten wichtig sind, oder mit nur schwach belichteten Motiven (Kircheninnenraumaufnahmen ohne Stativ) werden grobkörnige, hochempfindliche Filme benutzt (ISO 200/24°, ISO 400/27° usw.). Niedrigempfindliche Filme sind feinkörniger (längere Belichtungszeiten) und bieten daher eine bessere Aufnahmequalität. Die Empfindlichkeit von Digitalsensoren wird meist über die Software gesteuert. Eine hohe Empfindlichkeitseinstellung führt bei vielen Kameras zu deutlichen Qualitätsverlusten (Bildrauschen).

● **Beispiel:** Ein Gegenstand wird mit der Kombination ISO 100/21°; Blende 8; Zeit 1 Sekunde in der richtigen Helligkeit abgebildet. Wird allerdings nur einer der drei Faktoren verändert, wird die Abbildung zu dunkel oder zu hell. Wird die Empfindlichkeit erhöht, muss entweder die Lichtmenge verkleinert oder die Zeit verkürzt werden: ISO 200/24°; Blende 11; 1 s oder ISO 200/24°; Blende 8; 1/2 s. Soll im angegebenen Beispiel die Blende 2 gewählt werden, muss die Empfindlichkeit gesenkt werden und/oder kürzer belichtet werden: ISO 25/15°; Blende 2; Zeit 1/4 s oder ISO 100/21°; Blende 2; 1/15 s oder ISO 3200/36°; Blende 2; 1/500 s.

Abb. 7: Niedriger und hoher Motivkontrast durch unterschiedliche Lichteinstrahlung

(Fenster) und dem dunkelsten Punkt (Raumecke) einen sehr großen Unterschied aufweist, wird dies in der Fachsprache harter Kontrast genannt. Motive ohne direkte Lichteinstrahlung besitzen meist einen niedrigen Kontrast, sind also weich. An einem sonnigen Tag fällt auf eine besonnte, weiße Wand bis zu 16 000-mal (2^{14}) mehr Licht als in einem dunklen Schatten, sodass der Helligkeitsunterschied bis zu 14 Blenden beträgt. An einem regnerischen Tag liegt der Unterschied nur bei etwa 5 Blenden, was der 32-fachen Lichtmenge entspricht. > Abb. 7

Der Fotoapparat

Die im vorigen Kapitel beschriebenen Grundlagen sind hilfreich, um sich in der Vielfalt der Fotoapparate zurechtzufinden und deren Ausstattungsmerkmale bzw. Zubehörteile verstehen und für die eigene Arbeit bewerten zu können. Die wichtigsten Teile einer Kamera sind der Film bzw. der Sensor (bei einer digitalen Kamera), das Objektiv und die Steuerungs- und Bedienungselemente des Fotoapparats, die im Folgenden erläutert werden.

ABBILDUNGSQUALITÄT

Für die Umsetzung gestalterischer Ideen in der Architekturfotografie ist die Fototechnik unbestritten eine wichtige Voraussetzung. Oft gibt es Details und feine Strukturen, die auch noch bei großformatigen Abbildungen gut wiedergegeben werden sollen. Faktoren für eine hohe Abbildungsleistung sind die Objektivqualität, die Auflösung, der Sensor bzw. die Filmgröße sowie die Weiterverarbeitung der Daten.

Bei der Digitalfotografie wird der Faktor Auflösung oft als absoluter Maßstab für die Abbildungsqualität dargestellt. Maßstab für die Auflösung ist die Anzahl der einzelnen Bildpunkte. Hat ein Sensor z. B. 2112×2816 Messpunkte, sind dies gerundet 6 Millionen Punkte, also 6 MP (Megapixel). Die einzelnen Messpunkte eines Sensors können nur je einen Farbkanal messen. Bei nahezu allen Sensoren wird die sogenannte Bayer-Matrix angewandt, bei der je ein Messpunkt für rotes, zwei für grünes und einer für blaues Licht zu einer Gruppe zusammengefasst werden. Obwohl sich durch die technische Entwicklung eine immer höhere Auflösung erreichen lässt, wird die Abbildungsqualität nicht im selben Maß gesteigert. Die reine Zahl an Messpunkten ist nur ein Faktor von vielen. Die Abbildungsqualitäten des Objektivs und die Signalumwandlung in der Kamera sind mindestens ebenso wichtig.

Beim analogen Film ist die Auflösung durch die Zusammensetzung des Filmmaterials gegeben, wobei niedrigempfindliches Material immer höher auflöst als hochempfindliches. Während die Oberfläche bei einem niedrigempfindlichen Film viele kleine Silberkörner beinhaltet, sind es bei einem hochempfindlichen Film wenige flache Körner. Die flachen Körner brauchen zwar weniger Licht pro Fläche, um zu reagieren, ergeben aber ein grobkörnigeres Bild. Bei Analogkameras ist die Filmgröße für die Abbildungsqualität wichtiger als die Auflösung des Films. Die verschiedenen Arten von analogen Kameras definieren sich deshalb über ihre genormten Filmgrößen. 95 % aller Analogkameras benutzen einen Kleinbildfilm (KB, $24 \times 36\,\text{mm}^2$), daneben sind auch Rollfilme (56 mm breit, verschiedene Längen) und Planfilme ($102 \times 127\,\text{mm}^2$, $205 \times 254\,\text{mm}^2$) in Gebrauch. > Kap. Der Fotoapparat, Kameratypen

Auflösung

Anders als beim Film sind bei Digitalkameras die Sensorgrößen nicht genormt. Derzeit reicht das Spektrum von 2 × 3 mm großen Sensoren für Mobiltelefone bis 36 × 48 mm für Mittelformatkameras. Die Sensorgröße ist meist nicht angegeben, obwohl ein größerer Sensor bei gleicher Auflösung fast immer bessere Resultate liefert. Auch ist es nur mit Hilfe der Sensorgröße und Brennweite möglich, den Bildwinkel zu berechnen. > Tab. 1, Seite 22 und Kap. Fotografische Grundlagen

OBJEKTIVE

Das wichtigste Kriterium eines Objektivs ist neben der Abbildungsleistung der Bildwinkel. Unter der Abbildungsleistung eines Objektivs versteht man die messbare Leistung, feinste Linien wiederzugeben. Der konstruktive Aufbau eines Objektivs ist sehr kompliziert, und jedes Objektiv ist mit sogenannten Abbildungsfehlern behaftet. Je geringer diese Fehler sind, desto höher ist die Abbildungsleistung.

Objektive mit Bildwinkeln über 90° werden als Superweitwinkelobjektive > Abb. 8 bezeichnet, solche zwischen 90° und 60° als Weitwinkel- > Abb. 9 und solche zwischen 60° und 30° als Normalobjektive. > Abb. 10 Weitwinkelobjektive sind in der Architekturfotografie aufgrund oft beengter Raumsituationen die wichtigsten Objektive. Objektive mit einem Bildwinkel von unter 30° werden als Fernobjektive bezeichnet. Ist die Konstruktion des Objektivs kürzer als die Brennweite, handelt es sich um ein Teleobjektiv. > Abb. 11 Objektive mit variablem Bildwinkel heißen Zoom-Objektive. Durch die aufwendigere Bauart und die Anpassung an verschiedene Bildwinkel innerhalb eines Objektivs ist die Abbildungsqualität meist geringer als bei Objektiven mit Festbrennweiten.

Leider wird der Bildwinkel auf Objektiven nur selten angegeben, und die Brennweite ist ohne Bezug zum Sensorformat nicht aussagekräftig. > Kap. Fotografische Grundlagen Deshalb erfolgt die Angabe der Brennweite meist

O umgerechnet auf das KB-Format. > Tab. 1, Seite 22

O **Hinweis:** Neben der kleinbildäquivalenten Brennweite wird bei Spiegelreflexkameras manchmal ein Verlängerungsfaktor angegeben. Ein Faktor von 1,5 bedeutet beispielsweise, dass ein 22-Millimeter-Objektiv auf dieser Kamera einem 33-Millimeter-Objektiv auf einer KB-Kamera oder einer Kamera mit sogenanntem Vollformatsensor (KB-Größe) entspricht.

Abb. 8: Superweitwinkelobjektiv, Bildwinkel 100°

Abb. 9: Weitwinkelobjektiv, Bildwinkel 85°

Abb. 10: Normalobjektiv, Bildwinkel 45°

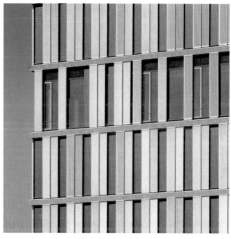

Abb. 11: Teleobjektiv, Bildwinkel 10°

In der Architekturfotografie hat man es oft mit geraden horizontalen oder vertikalen Linien zu tun. Werden diese Linien nicht als Geraden abgebildet, sondern, vor allem an den Bildrändern, als gewölbte Linien, wird dies Verzeichnung genannt. > Abb. 12, Seite 23 Dies ist ein konstruktionsbedingter Abbildungsfehler des Objektivs und hat nichts mit Verzerrung oder stürzenden Linien > Kap. Die Aufnahme, Stürzende Linien zu tun. Eine geringfügige Verzeichnung kann am Rechner ausgeglichen werden, viele

Verzeichnung

Tab. 1: Brennweiten und Bildwinkel

	Kompakt-kamera	Spiegel-reflex	Spiegel-reflex	Digiback	Planfilm	Kleinbild-äquivalente Brennweite
	Bsp.: 1/2,5 inch	APS-C	KB		4 × 5 inch	
Sensorgröße mm	6 × 4	23,7 × 15,6	36 × 24	49 × 36	124 × 100	
Diagonale mm	7,2	28,4	43	61	160	
Faktor zu KB	6	1,5	1	0,7	0,27	
Bildwinkel 120°	2 mm	8 mm	12 mm	17 mm	43 mm	12 mm
Bildwinkel 100°	3 mm	12 mm	18 mm	26 mm	64 mm	18 mm
Bildwinkel 85°	4 mm	16 mm	24 mm	34 mm	86 mm	24 mm
Bildwinkel 75°	5 mm	19 mm	28 mm	40 mm	100 mm	28 mm
Bildwinkel 65°	6 mm	23 mm	35 mm	50 mm	125 mm	35 mm
Bildwinkel 45°	8 mm	33 mm	50 mm	70 mm	180 mm	50 mm
Bildwinkel 30°	13 mm	53 mm	80 mm	115 mm	285 mm	80 mm
Bildwinkel 20°	20 mm	80 mm	120 mm	170 mm	430 mm	120 mm
Bildwinkel 10°	41 mm	170 mm	250 mm	350 mm	900 mm	250 mm
Bildwinkel 5°	82 mm	340 mm	500 mm	700 mm	1800 mm	500 mm

Weitwinkelobjektive verzeichnen aber so stark, dass ein störender Restfehler bleibt. > Kap. Bildbearbeitung In diesem Fall hilft nur die Wahl eines höherwertigen Objektivs.

BEDIENUNGSELEMENTE

Belichtungssteuerung

Die Belichtungssteuerung einer Kamera kann auf verschiedenem Wege erfolgen. Bei einer Voll- bzw. Programmautomatik werden Zeit und Blende mit einer Lichtmessung in der Kamera ermittelt und automatisch eingestellt. Bei einer Halbautomatik werden Zeit oder Blende manuell gewählt, und der zur richtigen Belichtung fehlende Parameter wird von der Kamera eingestellt. Bei einer manuellen Steuerung werden Zeit und Blende manuell gewählt.

Abb. 12: Stark tonnenförmige Verzeichnung   **Abb. 13: Ohne Verzeichnung**

Während Bilder bei der Voll- und Halbautomatik in der Regel richtig belichtet werden, muss bei der manuellen Steuerung die richtige Belichtung auch manuell ermittelt werden. Dies kann mit Hilfe eines externen Belichtungsmessers geschehen, viele Kameras zeigen aber auch bei manueller Steuerung an, ob die Fotografie über- oder unterbelichtet wird. Werden spezielle Effekte wie z. B. eine geringe Tiefenschärfe durch eine offene Blende > Abb. 6, Seite 16 oder spezielle Bewegungseffekte > Kap. Bildanalyse gewünscht, lassen sich diese nur über eine manuelle Steuerung der entsprechenden Parameter erreichen. ∎

■ **Tipp:** Optimale Arbeitsblende: Aus zu offener Blende resultiert eine geringe Tiefenschärfe, aus zu weit geschlossener Beugungsunschärfe (Diffraktion). Mit welcher Blende die höchste Schärfe erreicht wird, hängt von der Objektivkonstruktion ab und lässt sich nur durch Ausprobieren ermitteln.

Auslöseverzögerung   Zwischen dem Druck auf den Auslöseknopf und der eigentlichen Belichtung liegt die Auslöseverzögerung, die nur Millisekunden oder mehrere Sekunden dauern kann. Für den Architekturfotografen ist dieser Faktor nicht sehr wichtig, trotzdem sollte er bei der Wahl einer Kamera berücksichtigt werden.

Selbstauslöser   Um ein Verwackeln des Bildes durch Erschütterung der Kamera zu vermeiden, empfiehlt es sich, grundsätzlich ein Stativ und einen Drahtauslöser zu verwenden. Ist kein Anschluss für einen Draht- oder Kabelauslöser vorhanden, kann die Selbstauslöserfunktion der Kamera benutzt werden. Selbst bei Aufnahmen mit kurzen Belichtungszeiten bringt dies einen Schärfegewinn. Längere Belichtungszeiten als 1/60 s sind ohne Stativ nicht ratsam.

Neben den Hauptfunktionen, die meist durch direkte Knöpfe auf der Kamera zur Verfügung stehen, gibt es bei allen Digitalkameras Menüs mit zahlreichen weiteren Funktionen. Von diesen Funktionen sind der Weißabgleich und die Histogrammfunktion besonders wichtig.

Weißabgleich   Unter Weißabgleich (Englisch: *white balance,* WB) wird die Abstimmung der Kamera auf eine bestimmte Lichtfarbe verstanden. Auch das menschliche Auge verfügt über diese Fähigkeit der chromatischen Adaption. Bei der Kamera wird sie meistens durch eine Aufnahme einer weißen oder grauen Fläche vorgenommen, die ohne Korrektur farbig wiedergegeben würde. Nach der Korrektur ist die Fläche neutral. Das Sonnenlicht hat je nach Tageszeit, Witterung und Ort verschiedene Farben, die allerdings auch als bewusstes Element (z. B. bei einem Sonnenuntergang) eingesetzt werden können. Bei analogen Kameras kann die Korrektur nur durch Farbmessung und entsprechende aufsetzbare Filter erfolgen, was sehr aufwendig ist.

Histogramm   Sehr hilfreich ist auch die Möglichkeit vieler Kameras, ein Histogramm anzuzeigen. > Abb. 14 Dies bedeutet die grafische Darstellung der Häufigkeitsverteilung von Helligkeitswerten im Bild. Mit Hilfe des Histogramms kann wesentlich besser beurteilt werden, ob ein Bild richtig belichtet ist, als mit dem Bildschirm der Kamera, da dieser vom Umgebungslicht abhängig ist. Ist die Verteilung der Helligkeiten (bei 8-bit-Bildern 256 Stufen) nicht gleich einer Normalverteilung, sondern führt rechts (Überbelichtung) oder links (Unterbelichtung) über den Rand, ist dies ein

● **Wichtig:** Das Histogramm erlaubt eine zuverlässige Aussage zur Belichtung. Fallen Helligkeitswerte auf 0 oder 256 (bei 8 bit Farbtiefe), bedeutet dies, dass diese Motivteile außerhalb des Messbereichs des Sensors liegen und nicht richtig wiedergegeben werden können. Entweder ist das Bild dann unter- oder überbelichtet, oder der Kontrastumfang ist zu hoch.

Abb. 14: Histogramm: links überbelichtet, Mitte richtig, rechts unterbelichtet

Indiz für eine falsche Belichtung. Die genaue Interpretation ist aber auch vom Motiv abhängig.

Nicht zuletzt ist die Handlichkeit einer Kamera ein wichtiges Krite- Handhabung rium. Ein Fotoapparat sollte gut in der Hand liegen und benutzerfreundlich zu bedienen sein. Ergonomische Knöpfe und einfache Menüführung sind nicht selbstverständlich und sollten möglichst vor einem Kauf getestet werden.

KAMERATYPEN
Digitale Kompaktkameras

Die gängigste Kamera ist die digitale Kompaktkamera. Da Kompaktkameras nicht über Wechselobjektive verfügen, sind fast immer Zoom-Objektive eingebaut, die oft mit einer hohen Verzeichnung einhergehen. Daher sollte überprüft werden, ob eine Kamera über die spezifischen Qualitäten verfügt, die für die Architekturfotografie notwendig sind. Hierzu gehört ein Weitwinkelobjektiv mit einer kleinbildäquivalenten Brennweite von 24 mm (Bildwinkel 85°) oder besser einer noch kürzeren Brennweite (größerer Bildwinkel). Bei fast allen Kompaktkameras ist die kürzeste Brennweite 35 mm (Bildwinkel 65°), was für die meisten Architekturmotive nicht ausreicht. > Abb. 15 Viele Kompaktkameras besitzen neben dem optischen Zoom zusätzlich einen sogenannten Digitalzoom. Da bei dieser Funktion lediglich die Bildmitte hochgerechnet wird, ist mit deutlichen Qualitätseinbußen zu rechnen.

Bei Kompaktkameras wird die Belichtung meist vollautomatisch ge- Belichtungsmodi steuert. Die wünschenswerte manuelle Steuerung ist jedoch nur bei wenigen Modellen möglich. Idealerweise besitzt die Kamera eine Über- bzw. Unterbelichtungsfunktion über direkte Tasten auf der Kamera (+/–). Eine Kompaktkamera sollte zudem unbedingt ein Stativgewinde haben. Alle anderen Features wie Bildstabilisator, Filmmodi oder Bildschirmgröße sind sekundär.

Abb. 15: Kleinbildbrennweiten im Vergleich

Spiegellose Systemkameras

Bei sogenannten Systemkameras wird der optische Sucher durch einen elektronischen Sucher bzw. den Bildschirm ersetzt. Da diese Kameras aufgrund des kleineren Auflagemaßes über einen Adapter fast alle Objektive der Spiegelreflexkameras aufnehmen können, sind sie ebenso geeignet. Zu Beachten ist aber die von System zu System unterschiedliche Chipgröße.

Digitale Spiegelreflexkameras

Spiegelreflexkameras (SLR) unterscheiden sich von Kompaktkameras durch den Prismensucher mit Spiegelkasten und durch die Möglichkeit, Objektive zu wechseln.

Wechselobjektive Die Verwendung von Wechselobjektiven ermöglicht sehr kurze Brennweiten, was in der Architekturfotografie von großem Vorteil ist. Ein weiterer Vorzug der freien Objektivwahl ist die Verwendung von Spezialobjektiven wie Shiftobjektiven. > Abb. 16 und 70, Seite 51 Bei einem Shiftobjektiv wird das Objektiv parallel zur Bildebene verschoben, um den Ausschnitt zu verändern, ohne die Kamera neigen zu müssen. > Kap. Die Aufnahme, Stürzende Linien Der Bildkreis muss allerdings größer als die Formatdiagonale des Aufnahmemediums sein. > Abb. 3, Seite 14 Bei einem Tiltobjektiv wird das Objektiv horizontal oder vertikal um eine Achse geschwenkt, um eine Schärfenebene zu erreichen, die nicht zur Aufnahmeebene parallel ist.

Da die Objektive einen erheblichen Kostenfaktor des gesamten Kamerasystems darstellen, ist es ein nicht zu unterschätzender Vorteil, dass sich bei einem Kamerawechsel meist die Objektive weiterverwenden lassen, sofern das gleiche Herstellersystem gewählt wird. Werden verschiedene Sensorgrößen angeboten, sind die Objektive selbst in einer Markenfamilie oft nicht kompatibel.

Prismensucher Neben dem Objektivwechsel ist der Prismensucher ein Hauptmerkmal der Spiegelreflexkamera, denn durch ihn kann ein exaktes Abbild

Abb. 16: Digitale Spiegelreflexkamera mit Shiftobjektiv

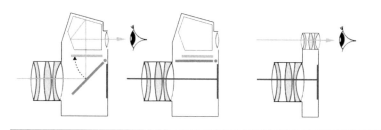

Abb. 17: Spiegelreflexkamera vor und während der Belichtung, Sucherkamera

der späteren Aufnahme betrachtet werden. Die durch das Objektiv ein-
fallenden Strahlen werden über einen Spiegel und ein Glasprisma auf eine
Mattscheibe umgelenkt, welche durch eine Lupe hinten an der Kamera
zur Bildbeurteilung dient. Bei der Aufnahme wird zuerst der Spiegel
hochgeklappt und der vor dem Sensor angebrachte Verschluss geöffnet.
Danach wird das Bild belichtet, der Verschluss geschlossen, und der Spiegel klappt wieder nach unten. > Abb. 17

Analoge Kleinbildkameras

Analoge Kleinbildkameras verwenden einen 35 mm breiten Film
mit gelochter, seitlicher Führung. Das Filmformat beträgt einheitlich
24 × 36 mm² (KB-Format). Kleinbildfilmkameras wurden durch Digitalkameras fast vollständig vom Markt verdrängt. Auch wenn sich die Abbildungsleistung digitaler und analoger Systeme nicht direkt vergleichen
lässt, werden analoge Systeme vor allem in den Bereichen Schwarz-Weiß
und Großformat überleben, da es hier noch deutliche Vorzüge gibt.
Darüber hinaus gibt es neben den rein technischen Fakten auch nicht
rationelle Faktoren. Die Bildcharaktere einer Digitalaufnahme und der

einer Filmaufnahme sind verschieden. Das Handwerkszeug spielt zudem durchaus eine wichtige Rolle in der Bildgestaltung. Durch die hohen Filmkosten erfolgt bei einer Kleinbildkamera eine wesentlich selektivere Motivauswahl als bei einer Digitalkamera, wo eine Aufnahme mehr keine zusätzlichen Kosten verursacht.

Mittelformatkameras

Mittelformatkameras werden mit einem 60 mm breiten Rollfilm bestückt, was zu wesentlich besseren Abbildungsqualitäten als beim Kleinbildformat führt. Die Länge des belichteten Bildes reicht je nach Kamera von $45 \times 56 \, mm^2$ bis $175 \times 56 \, mm^2$. Ein konstruktionsbedingter Unterschied zur Kleinbildkamera liegt bei fast allen Mittelformatkameras in der Trennung von Kamera und Filmgehäuse. So kann das Filmgehäuse jederzeit gewechselt werden, um z. B. einen Diafilm und einen Negativfilm mit dem gleichen Motiv zu belichten.

Digitalback Da sich statt der Filmkassette auch eine Sofortbildkassette oder ein digitales Sensorelement (Digitalback) anbringen lässt, sind diese Systeme auch für Digitalfotografie geeignet. > Abb. 18

Auch bei den Mittelformatdigitalrückteilen gibt es keine einheitlichen Sensorgrößen. Die höchste Auflösung liegt derzeit bei 80 MP (Sensorgröße $40 \times 54 \, mm^2$), die sich in den nächsten Jahren sicherlich noch steigern wird.

Die meisten Modelle funktionieren wie eine Kleinbild-Spiegelreflexkamera. Anwender sind in der Regel Werbe- und Modefotografen. Für die professionelle Architekturfotografie gibt es aber auch Modelle, bei denen das Objektiv vertikal und horizontal verstellt werden kann (Shift). Diese Verstellung wird durch die Mechanik der Kamera erreicht und ist nur durch den Bildkreis der Wechselobjektive begrenzt. > Abb. 18 Diese Kameras sind zudem für Superweitwinkel und Weitwinkelobjektive optimiert und benutzen wie die Fachkameras Mattscheiben zur Bildbeurteilung. Durch eingebaute Wasserwaagen lassen sie sich auf einem Stativ schnell ausrichten. Digitalrückteile und Objektive verschiedener Hersteller können zudem im Baukastenprinzip an Fachkameras und Spiegelreflexkameras desselben Herstellers angeschlossen werden.

Großformatkameras

Die Fachkamera ist das älteste Kamerasystem. > Abb. 19 Das modulare Prinzip dieser Kameras besteht aus einem Objektivaufnahmeelement und einem Element für den Film, welches auch der Bildbeurteilung mit Hilfe einer Mattscheibe dient. Objektivebene und Filmebene sind untereinander verschiebbar, um die Entfernungseinstellung vornehmen zu können und die Brennweite unterschiedlicher Objektive auszugleichen. Die Verbindung zwischen Objektivebene und Filmebene heißt in der Fachsprache Balgen. Die beiden Elemente sind auf einem gemeinsamen Träger angeordnet, der optische Bank genannt wird.

Abb. 18: Professionelle digitale Architekturkamera mit Digitalback

Abb. 19: Petzval-Kamera von 1857 und Fachkamera aus dem Jahr 2007

Da diese Kameras im Baukastensystem aufgebaut sind, sind Filmart und -größe nicht festgelegt. Mit einer modernen Fachkamera sind sowohl Filme von 6 × 9 cm bis 20 × 25 cm als auch Sofortbildrückteile oder Digitalrückteile einsetzbar. Die Fachkamera ist aufgrund der Verstellbarkeit und Bildqualität in der professionellen Architekturfotografie nach wie vor verbreitet. Neben der vertikalen und horizontalen Verschiebung gibt es auch die Möglichkeit, Objektive und Film bzw. Sensorelement zu drehen. Fachkameras sind stativgebunden und funktionieren rein mechanisch. Sie verfügen daher weder über Belichtungsmessung und Autofokus noch über einen Sucher, sodass die Bildkomposition und Scharfstellung auf einer Mattscheibe erfolgt. Diese wird nach der Einstellung der Kamera entfernt und durch den Film bzw. Sensor ersetzt.

Neben Film und Digitalrückteilen lassen sich an eine Fachkamera auch Scanrückteile anbringen. Dies sind Rückteile, die wie ein Scanner oder Kopierer mit einer beweglichen Lesezeile funktionieren. Eine Belichtung kann daher mehrere Minuten dauern. Aus diesem Grund ist diese Technik nur für unbewegte Motive einsetzbar, wie z. B. Reproduktionen von Bildern oder Plänen. Architekturaufnahmen sind nur ohne Menschen oder bewegte Gegenstände realisierbar. Technisch gesehen bieten Scanbacks aber die größte Auflösung aller Digitalsysteme (bis 700 MP).

ZUBEHÖR

Stativ   Das Stativ ist das wichtigste Zubehör für anspruchsvolle Architekturfotografie. Nur mit seiner Hilfe lässt sich der Standpunkt genau fixieren und bei der Aufnahme einhalten. Darüber hinaus kann das Motiv in Ruhe beurteilt und die Kameraposition gegebenenfalls zentimetergenau korrigiert werden. Wird eine Probeaufnahme gemacht und anschließend die Belichtung oder das Motiv korrigiert, ist nur mit einem Stativ der gleiche Ausschnitt und Standpunkt wiederholbar. Auch können Serienbelichtungen mit unterschiedlichen Belichtungen durchgeführt werden. > Kap. Weiterverarbeitung Ein Nachteil des Stativs besteht in der Tatsache, dass zusätzliches Gepäck mitgeführt und der Arbeitsprozess in gewisser Weise verlangsamt wird. Doch aller Erfahrung nach ist dies gleichzeitig auch der Hauptvorteil des Stativs, da der Fotograf sich mehr Gedanken über das Bild und dessen Parameter macht. > Kap. Bildanalyse Ein Draht- oder Kabelauslöser ist in Verwendung mit einem Stativ zu empfehlen. Darüber hinaus sollte eine Sonnenblende verwendet werden, um störendes Seitenlicht zu verhindern. Ein sehr praktisches Zubehörteil ist eine kleine Wasserwaage, die auf den Blitzschuh der Kamera geschoben werden kann. Da die meisten Architekturaufnahmen mit gerade gestellter Kamera erfolgen, ist auf diesem Wege sehr schnell die richtige Position zu bestimmen. Bei einigen Kameramodellen ist es möglich, einen Laptop, ein Tablet oder Smartphone per Kabel oder Funk anzuschließen. Dies wird „tethered shooting" genannt und ist für Innen- und Modellaufnahmen empfehlenswert.

Filter   In der Analogfotografie spielen Filter sowohl bei Schwarz-Weiß-Aufnahmen wie zur Feinkorrektur von Farben eine wichtige Rolle. In der Digitalfotografie sind aufgrund der Bauart des Sensors Farbfilter nur sehr begrenzt einsetzbar. Zudem können die meisten Filter durch die Bildverarbeitung simuliert werden. Eine Ausnahme stellt der Polarisationsfilter dar, der Reflexionen auf glatten Oberflächen verringert.

Zubehör wie Fernauslöser, externe Blitze, Funkdatenübertragung, Steuerung über PC usw. kann im Bereich der Spiegelreflex-, Mittelformat- und Großformatkameras modular zusammengestellt und genutzt werden, was im Bereich der kompakten Systeme kaum möglich ist.

Bildanalyse

Architekturfotografie verkörpert in der Regel weder eine rein rationale Dokumentation noch eine freie künstlerische Darstellung. Als Transportmedium für die Darstellung gebauter Architektur erhält sie ihre Qualität durch die technischen Möglichkeiten des Fotoapparates, aber auch durch konzeptionelle und gestalterische Aspekte. Auch wenn es keine präzisen Regeln gibt, wie eine Architekturfotografie anzufertigen ist, lassen sich doch typische Faktoren identifizieren, die die Qualität eines Bildes steuern können. Wenn diese das Bild bestimmenden Faktoren analysiert werden und ihr Potenzial sichtbar gemacht wird, kann jeder Fotograf an der Verfeinerung seiner Bildsprache arbeiten und eigene, bewusste Konzepte entwickeln.

Bei der Bildanalyse von Architekturfotografien hat es sich bewährt, einzelne Faktoren separat zu betrachten, damit sich die Komplexität verschiedenster Parameter in unterschiedlichen Bildern besser bewältigen lässt. Nachfolgend werden 24 Faktoren beschrieben, die für die Analyse von Bedeutung sind. Diese Faktoren lassen sich in drei Kategorien einordnen: Inhalt, Wiedergabe und Grafik.

Der Inhalt ist das ausschlaggebende Element für eine Architekturfotografie, da ein Bild immer eine Interpretation des betrachteten Gegenstandes ist. Architektur wird hauptsächlich über Bilder transportiert, sodass ein Architekt beachtenswerte Gebäude meist über dieses Medium kennenlernt. Trotzdem kann ein Gebäude auf einer Fotografie nie die Fülle an Informationen vermitteln, die der Besucher des Gebäudes aufnimmt, denn neben dem direkten Umfeld sind oft der Weg zu dem Gebäude oder die Raumerfahrung im Inneren Teil des Architekturerlebnisses. Daneben fehlen der Fotografie Sinneswahrnehmungen wie Gerüche, Geräusche oder der Tastsinn. Fotografien können also nur selektive Eindrücke vermitteln, dadurch aber eventuell bestimmte Vorstellungen bewusst hervorrufen. Daher geschieht es nicht selten, dass der Besucher von der Realität eines Bauwerks aufgrund der von Bildern aufgebauten Erwartungshaltung enttäuscht ist.

Die Wiedergabe umfasst die technische Umsetzung und die Abbildungsqualität einer Fotografie. Hierbei spielen Helligkeit, Kontrast und Farben sowie Schärfe und Detailwiedergabe eine große Rolle. Sie ist jedoch auch stark abhängig von ihrer Zweckbestimmung. Bei vielen im Internet veröffentlichten Bildern ist die Abbildungsqualität nachrangig und wird technisch selbst von den in Mobiltelefonen eingebauten Digitalkameras erreicht. Auf der anderen Seite steht die Faszination großformatiger Bilder, deren Informationsdichte in den Details so groß ist, dass der Betrachter glaubt, in ihnen „spazieren gehen" zu können.

Die dritte Kategorie der <u>Grafik</u> unterwirft eine Fotografie wie bei jeder zweidimensionalen Darstellung grafischen Prinzipien der Proportion. Maßgebend dabei sind die Reduzierung der Wirklichkeit um eine Dimension und der begrenzte Ausschnitt, den die Fotografie ablichtet.

Um Intentionen und Methodik von Architekturfotografien zu verstehen, sind die im Folgenden beschriebenen Faktoren ein guter Ausgangspunkt. Warum ein bestimmter Standpunkt, warum genau jenes Licht, gewisse Farben oder ein bestimmter Bildaufbau gewählt wurden, sagt oft wesentlich mehr aus als die technischen Daten eines Bildes. Selbst bei eigenen Aufnahmen kann man durch eine genaue Analyse Neues entdecken. Viele Elemente werden unbewusst angewendet, sind aber in ihrer Wirkung analysierbar und somit auch wiederholbar.

Bei der Bildkomposition existieren viele Parallelen zu der Komposition im architektonischen Entwurf. In der Bildanalyse kommt es vor allem darauf an, die verschiedenen kompositorischen Elemente zu unterscheiden und deren Wirkung zu erkennen.

Die fotografischen Beispiele des folgenden Kapitels sind vor allem zur Illustration der einzelnen Faktoren gedacht und um die Analyse der Faktoren am Beispiel zu ermöglichen. Auch wenn die Bilder einzelnen Faktoren zugeordnet sind, lassen sich alle Faktoren an allen Fotos untersuchen.

BILDFAKTOR INHALT

Standort   Für die spätere Wirkung einer Architekturfotografie ist der Standpunkt einer der wichtigsten Faktoren. Die Orientierung zu einem Gebäude oder einem Raum bestimmt stark die räumliche Wirkung der Abbildung. So ist es hilfreich, sich Zeit für die Wahl des richtigen Standortes zu nehmen und, wo nötig, verschiedene Konzepte der Vermittlung abzuwägen. Der Standpunkt wird freilich oft durch technische Vorgaben beschränkt. So bedingt ein zu kleiner Bildwinkel der Kamera und des Objektivs einen weit entfernten Standpunkt, um das ganze Gebäude oder den ganzen Raum zu erfassen. Oft sind die räumlichen Möglichkeiten begrenzt und lassen nur Fotografien mit großem Weitwinkel oder selektiven Ausschnitten zu. > Kap. Der Fotoapparat

Es ist zudem nicht ratsam, beliebig viele Standpunkte einzunehmen. Vielmehr sollte die inhaltliche Auseinandersetzung mit dem Objekt zu einer bewussten Standortwahl führen. Oft wird gerade in Bildern mit ähnlichem Standpunkt eine Unentschlossenheit deutlich, die es zu vermeiden gilt. Zudem sollte jedes Bild einer fotografischen Arbeit eine neue Information beinhalten. Oft beeinflussen zusätzlich Faktoren wie Achsen im Gebäude, die seitlichen Kanten, der Horizont oder das Licht die Standortwahl. So viele Faktoren parallel im Blick durch das Sucherbild zu erfassen ist kaum möglich. Mit der Kamera auf einem Stativ ist dies einfacher, da die Faktoren nacheinander betrachten werden können, ohne dass sich der Ausschnitt wieder ändert. > Abb. 20 und 21

Abb. 20: Standort frontal zum Motiv

Abb. 21: Standort diagonal zum Motiv

Abb. 22: Blickrichtung nach oben

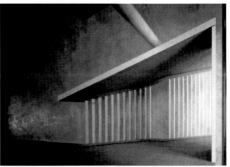

Abb. 23: Blickrichtung nach unten

Die Neigung der Kamera und der Winkel zum Objekt entscheiden über Perspektive, Horizonthöhe und die sich daraus ergebenden Fluchtpunkte. Ein naher Standpunkt mit sehr großem Bildwinkel wirkt als starke Untersicht dynamischer und aggressiver als eine Normalansicht (Horizont auf Augenhöhe). Meist wird versucht, die Aufnahme in der Waagerechten zu positionieren, um stürzende Linien zu vermeiden. > Kap. Die Aufnahme, Stürzende Linien Der Einsatz eines Stativs in Kombination mit einer aufsteckbaren oder integrierten Wasserwaage ist dabei sehr hilfreich, da zumindest bei Weitwinkelaufnahmen bereits geringe Abweichungen zu deutlich sichtbarer Verzerrung der parallelen Linien führen. Je nach Konzept und Objekt schaffen aber auch ungewöhnliche Blickrichtungen in der Diagonalen, nach unten oder oben reizvolle Blicke. > Abb. 22 und 23

Das Aus- und Beschneiden einer Fotografie kann grafische wie auch inhaltliche Gründe haben. Einerseits können Gebäudeformate ihre grafische Entsprechung in der Formatwahl finden, andererseits kann eine hochauflösende Bilddatei zu einer Detailansicht reduziert werden. Eventuell können auch Bildinhalte, die die Wirkung der Fotografie stören würden, über eine Beschneidung entfernt werden.

Blickrichtung

Ausschnitt

Abb. 24: Gesamtaufnahme

Abb. 25: Auswahl eines Ausschnitts

Abb. 26: Sonnenaufgang

Abb. 27: Morgennebel

Zum richtigen Ausschnitt gehören Format und Richtung des Bildes. Auch wenn eine Kamera fast immer ein Aufnahmeseitenverhältnis von 3:4 bis 2:3 hat, kann schon bei der Aufnahme der Beschnitt berücksichtigt werden (zum Beispiel ein Panoramaformat 1:2). Alltägliche Seitenverhältnisse wie die DIN-Formate (1:√2) oder Fernsehbildformate wirken unauffälliger, während ungewohnte Seitenverhältnisse wie das quadratische Format Aufmerksamkeit erzeugen und deshalb sehr genau bedacht werden müssen. Auch die Entscheidung für ein Hoch- oder Querformat kann inhaltliche Aussagen unterstützen. Querformate werden im Allgemeinen als natürlicher und ruhiger im Bildaufbau wahrgenommen, Hochformate wirken dynamischer. > Abb. 24 und 25

Lichtregie   Lichtregie wird die kontrollierte Verwendung von Belichtung und Beleuchtung genannt; sie soll die inhaltliche Aussage unterstützen. Natürliche Belichtung ist grundsätzlich nicht beeinflussbar, aber durch die bewusste Wahl der Tageszeit und des Wetters lässt sich die Lichtstimmung eines Objekts dennoch steuern. Solange der Fotograf ein Objekt nicht zu verschiedenen Tageszeiten erlebt hat, kann er kaum festlegen,

Abb. 28: Menschen im Bild **Abb. 29: Personen in Bewegung im Bild**

wann der beste Zeitpunkt für Aufnahmen ist. Sonnenaufgang > Abb. 26 und
27 und Sonnenuntergang sind besonders beliebte Zeitpunkte, das Licht
ist dann weich wie an einem bedeckten Tag. Trotzdem sind die Farben
kräftig und der Himmel bläulich. Die Mittagszeit bei schönem Wetter ist
vor allem in südlicheren Ländern mit starken Schatten und hohen Kontrasten verbunden und daher oft die ungünstigste Zeit.

Sind zusätzliche Beleuchtungskörper vorhanden, muss konzeptionell
entschieden werden, ob diese hilfreich sind oder eher störend wirken.
Bei Innenaufnahmen können neben vorhandenen Beleuchtungskörpern
zusätzliche Lampen verwendet werden, um Aufhellungen und Betonun-
gen einzelner Bereiche zu ermöglichen. > Kap. Die Aufnahme, Innenaufnahmen

Architekturfotografie ist oft menschenleer. Viele Fotografen gehen Personenregie
fast schon dogmatisch mit diesem Thema um. Während bei einigen
Fotografen immer Personen auf den Bildern zu finden sind, um den Bezug zwischen Gebäude und Nutzer zu betonen, fehlen diese bei anderen
grundsätzlich, um nicht die Aufmerksamkeit des Betrachters abzulenken.
Hier gilt: Wie bei jedem anderen Element in einer Aufnahme muss die
Wirkung von Personen mit Bedacht gewählt werden, und der Fotograf
muss deshalb eine bewusste Entscheidung treffen. Lebewesen lenken
den Blick noch mehr ab als Gegenstände. Gerade im Außenbereich, der
sich nur bedingt kontrollieren und absperren lässt, hilft bei der Entscheidung für Personen die Verwendung eines Stativs, um den richtigen
Moment abzuwarten. > Abb. 28 und 29

Auch wenn das eigentliche Motiv nicht verändert werden kann, gibt Objektregie
es doch immer einzelne Objekte, die variiert werden können. Dies können Fenster sein, die geöffnet bzw. geschlossen werden, oder Autos,
die man wegfahren lässt bzw. bewusst parkt. In Innenräumen ist die Gestaltung mit Möbeln und persönlichen Gegenständen sehr aufwendig.
Selten lässt sich der vorgefundene Zustand ohne Korrektur aufnehmen.
Innenräume wirken auf Bildern tendenziell kleiner und unordentlicher,

Abb. 30: Objekt im Raum

Abb. 31: Objekt vor Gebäude

Abb. 32: Der Vordergrund als Kontrast zum Umfeld

Abb. 33: Der Vordergrund wird durch das Umfeld betont.

als sie in der Wirklichkeit sind. Diesem Eindruck muss meist entgegengewirkt werden, die Objekte im Raum müssen gezielt platziert werden, um Blicke freizulassen oder zu verdecken. > Abb. 30 und 31

Vordergrund Objekte im Vordergrund bringen gerade in den Randbereichen Unruhe in ein Bild. Besonders Gegenstände, die durch den Bildrahmen beschnitten werden, lenken die Aufmerksamkeit ab. Auf einer Aufnahme werden oft Gegenstände als störend wahrgenommen, die man im Vorübergehen kaum beachten würde: Blumentöpfe, Parkbänke, Mülleimer, Mülltonnen, Zeitungsständer, Straßenschilder usw. Manchmal lässt sich der Vordergrund durch einen günstigen Standpunkt beruhigen, oder die Gegenstände werden vorübergehend entfernt. Natürlich kann ein bewusst eingesetzter Vordergrund wie etwa die Bauten der Umgebung auch als Stilmittel eingesetzt werden, um die Eigenart eines Gebäudes zu betonen. > Abb. 32 und 33

Hintergrund Höhere Gebäude, Geländeformationen oder Anlagen im Hintergrund sind oft nicht zu vermeiden, auch sie gehen in die Gestaltung des Bildes

Abb. 34: Gebäude mit Umfeld im Hintergrund

Abb. 35: Gebäude ohne Hintergrund

Abb. 36: Reflexionen als Musterwiederholung im
Spiegelbild

Abb. 37: Reflexionen als Fensterspiegelung

ein. Der Hintergrund kann auch durchaus als Bühne verstanden werden, die den Bezug zur Umgebung herstellt. Gerade im Kontrast zu isolierten Abbildungen eines Gebäudes können so inhaltliche Spannungen aufgebaut werden. > Abb. 34 und 35

Wasserflächen, Glas und viele Fassadenmaterialien lassen Reflexionen > Abb. 36 und 37 zu, die das Bild dominieren können. Je nach Windbewegung können Wasserflächen eben oder unruhig wirken. An hellen Tagen wirkt Glas aufgrund der Spiegelungen oft nicht durchsichtig, und die Reflexion auf den Flächen bestimmt das Erscheinungsbild. Bei der Planung kann dies aufgrund der Komplexität kaum berücksichtigt werden. Allerdings kann die Wirkung eines Gebäudes durch Reflexionen stark variieren. Störende Reflexionen lassen sich durch Einsatz eines Polarisationsfilters dämpfen, im Extremfall auch beseitigen. > Kap. Der Fotoapparat

Reflexionen

Fast jedes Bild bringt Stimmungen zum Ausdruck, auch wenn sie nicht leicht fassbar und analysierbar sind. Oft ist die Gesamtheit der

Stimmung

Abb. 38: Lichtstimmung   Abb. 39: Stimmungsbild

einzelnen Bildfaktoren bestimmend, aber auch ein einzelner Faktor wie die Lichtsituation kann Stimmungen wie Ruhe oder Kälte erzeugen. Auch wenn der Faktor Stimmung nicht leicht definierbar ist, können Bilder durchaus nach ihrer Ausstrahlung beurteilt werden. Der Fotograf kann Stimmungen bei Fotografien bewusst hervorrufen. > Abb. 38 und 39

BILDFAKTOR WIEDERGABE

Helligkeit   Wenn in der späteren Abbildung eine Fläche in der gleichen Helligkeit dargestellt wird, wie sie zum Aufnahmezeitpunkt in ihrer Helligkeit messbar war, spricht man von einer richtigen Belichtung. Meist lässt sich dies aber nicht für alle Bildinhalte gleichermaßen gewährleisten. Ob eine dunkle Bildstelle grau, dunkelgrau oder schwarz wiedergegeben wird, hängt natürlich von der Belichtung ab, die jedoch nicht für Einzelbereiche, sondern für die gesamte Abbildung gewählt wird und somit den Gesamteindruck des Bildes bestimmt. > Abb. 40 Selbst starke Über- oder Unterbelichtungen des Gesamtbildes > Abb. 41 können im Einzelfall richtig und für die Bildaussage förderlich sein.

Kontrast   Auch wenn einzelne Helligkeiten dem Motiv entsprechend wiedergegeben werden können, ist der Kontrast zwischen den Helligkeiten oft nicht replizierbar. Zudem wird zwischen dem Motivkontrast und dem Kontrast durch die Beleuchtung unterschieden. Eine weiße Wand hat praktisch keinen Motivkontrast, durch starkes Streiflicht können aber bereits kleine Unebenheiten Kontraste hervorrufen. Schattenfreies, diffuses Licht und grelle Sonne sind Lichtwirkungen, die komplett unterschiedliche Helligkeitskontraste und Farbkontraste hervorrufen. In einer Serie von mehreren Bildern sollte auf ähnliche Kontraste geachtet werden. > Abb. 42 und 43

Farben   Das menschliche Auge kann zwischen feinsten Farbunterschieden differenzieren. Die Wiedergabe eines einzelnen Farbtones ist technisch möglich. Da in einem Motiv aber theoretisch unendlich viele Farben

Abb. 40: Dunkler Hintergrund

Abb. 41: Bewusste Überbelichtung

Abb. 42: Niedriger Kontrast zum Umfeld

Abb. 43: Hoher Bildkontrast

vorhanden sein können, ist jede Darstellung nur eine Annäherung an die Realität. Auch ist kein Wiedergabemedium (Bildschirm, Druck, Projektor usw.) in der Lage, alle in der Natur vorhandenen Farben zu zeigen. > Abb. 44 und 45

Da die wirklichkeitsgetreue Darstellung aller Farben eines Motivs also nicht umsetzbar ist, sollte der Farbeindruck des Fotografen dem Betrachter nahegebracht werden. Da bei einer Farbaufnahme mehr Faktoren als bei einer Schwarz-Weiß-Fotografie interpretiert werden müssen, ist Erstere auch nur scheinbar näher an der Realität.

Farben werden außer durch einen Farbton und ihre Helligkeit auch durch die Sättigung definiert. Eine hohe Sättigung ergibt kräftige, leuchtende und auffallende Farben, > Abb. 46 ein Bild geringer Sättigung ist im Extremfall ein Schwarz-Weiß-Bild. Auch wenn Faktoren wie Sättigung und

Abb. 44: Farbe durch Kunstlicht

Abb. 45: Farbe durch Materialreflexion

Abb. 46: Hohe Farbsättigung

Abb. 47: Niedrige Farbsättigung

Farben in der Weiterverarbeitung verändert werden können, geht es doch schon bei der Aufnahme um das Einfangen bestimmter Sinnesreize, die das Objekt und seine Umgebung aussenden. Über die Farbsättigung lassen sich Stimmungen und Eindrücke des Fotografen vor Ort gut vermitteln. So kann eine geringe Farbsättigung auch zum Thema einer Dokumentation über ein Gebäude werden. > Abb. 47

Schärfe   Auch durch die Schärfe eines Bildes können einzelne Objekte in der Tiefe des dargestellten Raumes hervorgehoben werden. Schärfe hat technisch zunächst mit der Entfernungseinstellung zu tun. > Kap. Fotografische Grundlagen Meist ist in Architekturaufnahmen Tiefenschärfe über das gesamte Bildfeld die Regel. Wenn hiervon abgewichen wird, sollte dies sehr bewusst geschehen. Um die Möglichkeiten von Schärfe und Unschärfe kennen zu lernen, lohnt es sich, diesen Faktor in Kinofilmen zu

Abb. 48: Unschärfe im Hintergrund

Abb. 49: Selektive Schärfe

Abb. 50: Gesamtaufnahme

Abb. 51: Detailwiedergabe eines Ausschnitts von 1%

analysieren. Die Unterschiede in Bildsprache und Wirkung sind bei genauerer Betrachtung gut erkennbar. Vor allem bei Architekturdetails kann Unschärfe des Hintergrunds helfen, das Motiv zu betonen. > Abb. 48 und 49

Die Auflösung eines Bildes ist durch viele Faktoren bestimmt. > Kap. Der Fotoapparat, Abbildungsqualität Für die notwendige Auflösung ist letztendlich die Größe des Bildes in der Verwendung ausschlaggebend. Um feinste Details auch in sehr großen Bildern wiederzugeben, sind meist aufwendige Fotosysteme wie Mittel- oder Großformatkameras erforderlich. Nicht für jedes fotografische Konzept wird aber die maximal erreichbare Detailauflösung verlangt. Werden Bilder nur für einen bestimmten Verwendungszweck produziert, wie zum Beispiel einen Vortrag, ist eine Detailauflösung nur sehr beschränkt möglich. Bei hohen Auflösungen und hoher Abbildungsqualität lassen sich jedoch aus Gesamtansichten

Detailwiedergabe

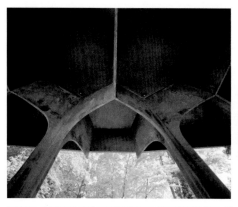

Abb. 52: Wiedergabe einer Oberfläche im Schatten

Abb. 53: Wiedergabe einer Oberfläche im Streiflicht

Details oder Teilbereiche ziehen, ohne dass diese wesentlich an Qualität verlieren. > Abb. 50 und 51 Dies ist bei der Aufnahme zu berücksichtigen, vor allem wenn Bilder beschnitten werden sollen.

Materialität   In der Architektur gibt es oft Materialien, Oberflächen oder Strukturen, die eigentlich haptisch erfahren werden müssten. Diese Strukturen darzustellen erfordert oft eine besondere Auseinandersetzung mit den Oberflächen des Objekts. Detailwiedergabe und Lichtführung sind hierbei besonders zu beachten. Ein gern genutztes Mittel, um feine Strukturen besonders zu betonen, ist Streiflicht, also flach über die Struktur fallende Lichtstrahlen. Manche Materialien erfordern eine hohe Detailauflösung, andere zusätzliches Licht oder eine genaue Wiedergabe einzelner Farbtöne. Nur eine inhaltliche Analyse der verwendeten Materialien kann helfen, die erforderliche technische Umsetzung zu eruieren. > Abb. 52 und 53

Bewegung   Im Gegensatz zur eingefrorenen Bewegung bei kurzer Belichtungszeit kann Geschwindigkeit durch Unschärfe dargestellt werden. Sie entsteht durch falsche Fokussierung oder durch die Bewegung des Motivs während der Aufnahme. Geschwindigkeit, Richtung des bewegten Gegenstands und Belichtungszeit sind Faktoren der Bewegungsunschärfe. Ein Gesicht wird sehr leicht zu einem Blickfang in einem Bild und ein Architekturbild damit zu einem Porträt. Dies kann mit Hilfe der Bewegungsunschärfe leicht umgangen werden. Auch störende Fahrzeuge können so unauffälliger dargestellt werden. Auch hierbei ist die Verwendung eines Stativs erforderlich. Die richtige Belichtungszeit zur grafisch ausgewogenen Darstellung von Bewegung lässt sich nur durch Versuche ermitteln. Die bewegten Objekte sollen in der Regel in ihrer Art erkennbar bleiben, deren Details jedoch verschwimmen. > Abb. 54 und 55

Abb. 54: Bewegungsunschärfe von Fahrzeugen

Abb. 55: Bewegungsunschärfe von Menschen

BILDFAKTOR GRAFIK

Hoch- oder Querformat, die Fläche des Himmels im Verhältnis zum Objekt, das Objekt selbst in seiner Umgebung – Proportionen spielen bei der Farbfotografie wie auch im architektonischen Entwurf eine wichtige Rolle. Für die Untersuchung von Bildproportionen lassen sich die Elemente einer Fotografie in Punkte, Linien und Flächen einordnen. Die einzelnen Elemente eines Gebäudes werden durch die Proportionen unterschiedlich gewichtet. Proportionen

Wird zum Beispiel ein Gebäude mit Satteldach aus geringer Entfernung fotografiert, wirkt das Dach im Verhältnis zur darunterliegenden Außenwand kleiner als bei Betrachtung aus größerer Entfernung, aber erst bei der nur theoretisch erreichbaren unendlichen Entfernung wird dasselbe Verhältnis wie in einer Planansicht erreicht. Jedem einzelnen Element wird erst durch die Proportion im Bild ein Platz zugewiesen. Auch ein kleines Element kann z. B. durch die Positionierung im Vordergrund groß und wichtig erscheinen, und durch eine geschickte Anordnung auf einer homogenen Fläche wird ein eher kleines Element wichtig.

Prinzipielle Regeln wie der Goldene Schnitt oder andere Proportionsregeln gelten wie bei allen grafischen Arbeiten auch bei der Fotografie.
> Abb. 56 und 57

Auf vielen Bildern gibt es einzelne Blickpunkte, die dem Betrachter ins Auge fallen. > Abb. 58 und 59 Solche Punkte sollten nur ganz gezielt und wohlüberlegt zum Einsatz kommen, da sie selbst ausgewogene Bildkompositionen durcheinanderbringen können. Die Reduzierung der Elemente führt meist zu einem ruhigeren Bild. Ein geeigneter Blickpunkt kann aber auch helfen, den Blick des Betrachters zu leiten. Eine einzelne Person ist auf einem Bild immer ein Blickpunkt. Diese Figur kann als Proportionen Punkt

Abb. 56: Proportion von Himmel und Gebäude

Abb. 57: Proportionen von Boden, Decke und Wänden

Abb. 58: Einzelelement als Farbakzent

Abb. 59: Blickpunkt im Raum

Maßstab dienen, aber auch z. B. als Ausgleich großer homogener Flächen oder als Blickfang in einer unruhigen Umgebung. Um Proportionselemente in einem Bild zu beurteilen, kann es hilfreich sein, mit einer Skizzenrolle über dem Bild die einzelnen Kompositionselemente zu markieren.

Proportionen Linien Im architektonischen Kontext sind Blickachsen, Bildachsen, Wege und Kanten immer von Bedeutung. Auch sie sind ein Teil der grafischen Komposition, der berücksichtigt werden muss. Bei den meisten Gesamtansichten von Gebäuden ist der Horizont als dominante Linie vorhanden. Werden mehrere Aufnahmen von einem Gebäude gemacht, wird die Serie in ihrer Gesamtwirkung ruhiger, wenn der Horizont sich meist auf der gleichen Höhe befindet und nicht springt. Unabhängig vom Horizont

Abb. 60: Bildwichtige Linie

Abb. 61: Die Linie eines Geländers erzeugt Asymmetrie.

Abb. 62: Proportionen von Fläche und Himmel zueinander

Abb. 63: Proportion von Fläche und Himmel im Hintergrund

muss eine bildwichtige Linie nicht immer eine Gerade sein. Auch gebogene und gekurvte lineare Elemente sind als Linien einzustufen. > Abb. 60

Aus den Linien entsteht meist die Dynamik und Tiefe eines Bildes. Wird eine Linie, zum Beispiel ein Geländer, welches in Richtung des Betrachters führt, als Diagonale ins Bild genommen, entsteht eine ganz andere Wirkung, als wenn das Geländer genau vertikal verläuft. > Abb. 61

Einzelne Elemente des Bildes werden zudem als Flächen wahrgenommen. Dies können Fassaden, der Himmel, Straßenflächen oder auch Landschaftsbereiche sein. Große einheitliche Flächen lenken den Blick auf den Rest des Bildes. Bei einem Bild, das fast nur aus Himmel oder Wiese besteht, wird der Blick unweigerlich auf Elemente fallen, die diese Homogenität durchbrechen und deren Wirkung steigern.

Proportionen Flächen

Abb. 64: Proportionen von Helligkeiten: Low-Key **Abb. 65: Proportionen von Helligkeiten: High-Key**

Gerade der Umgang mit Flächen muss auf die dargestellte Architektur abgestimmt sein. In der Moderne werden Flächen ganz anders eingesetzt als zum Beispiel im Barock: Flächige, möglichst homogene Elemente werden als ruhig im positiven Sinne betrachtet. Diesem Umstand sollte auch in der Abbildung Rechnung getragen werden. Die Ruhe und Ausgeglichenheit gut proportionierter Flächen können aber im Bild nur spürbar werden, wenn beim Fotografieren dieselben Gestaltungsprinzipien aufgegriffen werden. > Abb. 62 und 63

Proportionen Helligkeiten
Die Verteilung heller und dunkler Bereiche im Bild ist neben den schon beschriebenen Wiedergabe-Faktoren auch ein grafischer Faktor. Vor allem in den Extremen wird dies deutlich. Bilder, die überwiegend aus dunklen (Low-Key) > Abb. 64 oder hellen (High-Key) > Abb. 65 Bildbereichen bestehen, haben einen ganz eigenen Charakter. Sie mit anderen Aufnahmen zu kombinieren ist deshalb schwierig. Dunkle Bereiche, die leichte Zeichnung aufweisen, machen neugierig oder wirken bedrohlich. Helle Flächen wirken schnell flach und leicht. Aber auch die Helligkeitsverteilung innerhalb eines Bildes ist von Bedeutung. In der Malerei entsteht durch die Abfolge immer hellerer Bildelemente räumliche Tiefe. In der Fotografie kann dieser Effekt ebenso ein bewusst eingesetztes Mittel werden. > Abb. 30, Seite 36 und Abb. 41, Seite 39 Ein heller Raum mit dunkler Flucht wirkt dagegen wesentlich flacher.

Proportionen Farben
Es lohnt sich, sich mit der Wirkung der einzelnen Farben und deren Proportionen zu beschäftigen. Die großen blauen Flächen des Himmels sowie die grünen der Natur sind ebenso bildwirksam wie das Grau der Städte. Sind Komplementärfarben wie Blau und Gelb > Abb. 66 oder Rot und Grün in einem Bild vorherrschend, ergeben sich andere Wirkungen als bei monochromen Bildern mit einzelnen Farbakzenten. > Abb. 58, Seite 44 Die

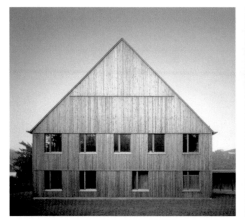

Abb. 66: Flächenwirkung von Blau, Gelb und Grün　　　**Abb. 67: Flächenwirkung von Rot und Gelb**

Farben der Umgebung sind meist leichter zu steuern als das Objekt selbst. Ein weißes Haus wirkt mit einer grünen Wiese und einem blauen Himmel ganz anders als mit weißem Himmel und Schnee. Wie diese einzelnen Farben, denen ja immer auch eine eigene Bedeutung zukommt, zueinander in Proportion stehen, muss auf das Objekt abgestimmt sein. Ein in kräftigen Farben gehaltenes Bauwerk sollte anders dargestellt werden als ein farblich zurückhaltendes. > Abb. 67 Hierfür sind Erfahrungswerte, das Konzept und das ästhetische Empfinden des Fotografen von großer Bedeutung.

Die Aufnahme

Um Architektur auf einer Fotografie so darzustellen, dass sie die Aussage und die Wahrnehmung des Gebäudes transportieren kann, ist eine inhaltliche Auseinandersetzung mit der Architektur und mit den Faktoren der Bildanalyse unerlässlich. Nur aus der Konzeptfindung und der Analyse eines Objektes heraus kann entschieden werden, wie mit Problemstellungen zu verfahren ist, die bei fast jeder Architekturfotografie auftreten.

DIE SERIE

In einer Zeitschrift oder einem Buch, bei einem Vortrag oder bei einer Präsentation werden Fotografien in einer Serie gezeigt, deren Gesamtwirkung die des Einzelbilds meist übertrifft.

Erst durch die Kombination von mehreren Bildern wird aus Einzelbildern eine thematische Arbeit. Ist auf allen Bildern dasselbe Objekt zu sehen, ergibt sich allein daraus eine Serie. Ist dieses Objekt aber einmal bei Sonnenschein, dann in Schwarz-Weiß, einmal im Detail und am Schluss als Luftbild zu sehen, resultiert ein uneinheitliches, unruhiges Gesamtbild. Daher sollten gewisse Bildfaktoren als Konstanten gewählt werden, die der Serie einen Leitfaden geben. Jeder der Faktoren im Kapitel Bildanalyse kann als konstante Grundlage einer Serie herangezogen werden. Oft ist gerade die Entscheidung, welche Faktoren konstant und welche variabel genutzt werden, elementar für die Aussage der gesamten Dokumentation eines Gebäudes. Um ein Konzept für eine Serie zu entwickeln, muss das Motiv zunächst auf seine Qualitäten, Stärken und Schwächen und auf die architektonische Aussage untersucht und auf dieser Basis der Leitfaden der Serie bestimmt werden. Um sehr verschiedene Motive in einen thematischen Zusammenhang zu stellen, sind Schwarz-Weiß-Aufnahmen recht gut geeignet. ● ■

● **Beispiel:** Die ganzseitige Abbildung auf Seite 48 zeigt studentische Arbeiten, aufgenommen in Valencia. Bei jedem Thema wurde ein Einzelfaktor als Serienkonstante verwendet. Einmal ist es die Farbsättigung, bei einem anderen Thema der Bildausschnitt, bei einem dritten der Standpunkt. Der Seriencharakter der einzelnen Arbeiten ist leicht zu erkennen, wenn man sich vorstellt, die Arbeiten zu mischen bzw. auf andere Weise zusammenzufügen.

■ **Tipp:** Werden Aufnahmen für eine Präsentation mit Beamer benötigt, können mit Hilfe eines Stativs Aufnahmen mit leichten Variationen gemacht werden, um die Funktionsweise beweglicher Teile mit mehreren Einzelaufnahmen fast wie in einem Film zu zeigen. Dies erzeugt einen guten räumlichen Eindruck des präsentierten Gebäudes.

STÜRZENDE LINIEN

Eines der Probleme der Architekturfotografie ist die Darstellung senkrechter Linien, die auf der Fotografie entweder parallel oder divergierend (stürzende Linien) verlaufen. Unter stürzenden Linien werden nicht parallele senkrechte Linien verstanden, die durch eine Drei-Flucht-Perspektive entstehen. Dies ist immer dann der Fall, wenn die Kamera geneigt wird, der Horizont also nicht auf Augpunkthöhe ist. Das Problem der stürzenden Linien ergibt sich aus der Geometrie und hat nichts mit Bildfehlern oder Verzeichnung zu tun. > Abb. 68 und 69

In der Architekturfotografie wird die Zwei-Flucht-Perspektive mit parallelen senkrechten Linien fast immer bevorzugt. > Abb. 39, Seite 38 und Abb. 42, Seite 39 Da der Betrachter weiß, dass die Linien (z. B. die Außenkanten eines Hochhauses) parallel sind, erwartet er diese Darstellung auch auf einer fotografischen Abbildung. Nicht senkrechte Linien werden insbesondere im Verhältnis zu den immer senkrechten Linien des Bildrandes als störend wahrgenommen. Neben der Zwei-Flucht-Perspektive ist die Zentralperspektive mit nur einem Fluchtpunkt, die am ehesten der Planansicht entspricht, eine in der Architekturfotografie oft verwandte Darstellungsart. > Abb. 20, Seite 33, und Abb. 66, Seite 47

Oft sind die örtlichen Verhältnisse so beengt, dass ein Gebäude aufgrund des begrenzten Bildwinkels auf der Fotografie nicht optimal erfasst werden kann. Wenn die Kamera aus kürzerer Entfernung zum Objekt nach oben geneigt wird, lässt sich zwar das ganze Motiv ablichten, es ergeben sich jedoch stürzende Linien. > Abb. 70 links Wird ein Objektiv mit größerem Bildwinkel verwendet und die Kamera in der Horizontalen gehalten, wird das Gebäude zwar gerade abgebildet, allerdings wird übermäßig viel vom Umfeld, insbesondere unterhalb der Horizontebene, auf das Bild übernommen. Durch Beschnitt lässt sich dieses Problem lösen, es resultiert aber eine reduzierte Bildqualität. > Abb. 70 Mitte links Die beste Möglichkeit ist die Verwendung eines Shift-Objektivs oder einer Kamera, die eine senkrechte Höhenverstellung des Objektivs erlaubt. > Abb. 70 Mitte rechts Bei dieser Konstruktion wird nur ein Teil des Bildfeldes ausgenutzt, was sich durch Verschieben des Objektivs steuern lässt. Wichtig ist jedoch, dass der Bildkreis deutlich größer als das Filmformat ist. > Kap. Der Fotoapparat

Auch in der Bildverarbeitung können divergierende Linien wieder parallel ausgerichtet werden, aber auch hier ist mit einer Verringerung der Abbildungsqualität zu rechnen. > Kap. Bildbearbeitung

ORDNUNG

Ein zweites, nicht weniger entscheidendes Thema ist die Ordnung. Städte bestehen nicht nur aus Gebäuden, Straßen und Natur, sondern aus sehr viel Beiwerk, das im Alltag zwar kaum wahrgenommen wird, auf einer Fotografie jedoch sehr stören kann. Parkende Autos, Müllcontainer,

Abb. 68: Stürzende Linien   Abb. 69: Korrigierte Linien

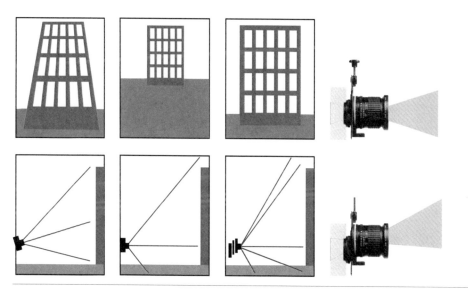

Abb. 70: Stürzende Linien und Korrekturmöglichkeiten

Fahrräder, Passanten, Straßenschilder, Strommasten, Laternen, Werbe-
tafeln und viele weitere Elemente fallen oft erst auf einer Fotografie ins
Auge.

Auch in Innenräumen wird die Architektur oft mit Einrichtungsgegen-
ständen und Dekoration überdeckt. Ob dieser Zustand als natürlicher Zustand belassen oder ob versucht wird, die in Plänen und Animationen

herrschende Ordnung herzustellen, hängt von dem Zustand des Objektes und dem Konzept des Fotografen ab.

Bilder in Architekturzeitschriften wirken oft aufgeräumt und wie leer gefegt. Wie im Kapitel Bildanalyse beschrieben, muss besonders gut überlegt werden, welche Elemente des Bildes für die Aussage störend und welche eventuell unterstützend wirken können.

Durch einen günstig gewählten Standort lassen sich viele Störungen beseitigen, andere Elemente sollten durch Faktoren der Bildgestaltung in den Hintergrund treten. Ein leicht erhöhter Standort kann hierbei ebenfalls Abhilfe schaffen. Mit einer Leiter können leicht 3 oder 4 m Aughöhe erreicht werden, sodass parkende Autos dann oft außerhalb des Motivs liegen. Schon ein Kamerakoffer, der als Untersatz dient, und ein Stativ mit angemessener Höhe erweitern die Möglichkeiten erheblich.

Kleinere Elemente wie Pflanztöpfe, Stühle oder Textilien können vorübergehend entfernt oder geordnet werden. Allein schon, ob die Fenster eines Hauses komplett oder teilweise geschlossen oder geöffnet sind, kann für die Wirkung einer Fotografie entscheidend sein.

In bereits bewohnten Innenräumen ist es fast immer notwendig, sich um eine gewisse Ordnung zu bemühen. Innenräume wirken auf Fotografien durch die höhere Dichte immer etwas unaufgeräumter als beim natürlichen Eindruck im Raum. Zudem dominieren oft einzelne Beigaben und lenken von den räumlichen Proportionen ab.

Störende Gegenstände können gegebenenfalls auch über längere Belichtungszeiten in ihrer Wirkung gemindert werden. Parkende Autos lassen sich im Einzelfall durch vorbeifahrende verdecken. Beträgt die Belichtungszeit z. B. über ¼ s, so werden aus fahrenden Autos Streifen, die als wesentlich weniger störend empfunden werden als stehende Wagen. Auch Passanten werden in der Bewegung anders und bei sehr langen Belichtungszeiten möglicherweise gar nicht mehr wahrgenommen.

Die richtige Belichtungszeit hängt von der Geschwindigkeit des Objekts ab. Es empfiehlt sich, stets in mehreren Einstellungen Versuche anzustellen, was freilich nur mit einem Stativ möglich ist.

Sind zu viele Passanten oder bewegte Fahrzeuge auf einem Bild, kann eine Mehrfachbelichtung Abhilfe schaffen. Mit der Kamera auf dem Stativ werden dann mit zeitlichem Abstand drei, fünf oder zehn Aufnahmen mit der gleichen Kameraeinstellung (die Farbeinstellung und Belichtung muss dieselbe sein) gemacht. Bei der Bildverarbeitung werden alle Bilder übereinandergelegt und aus den einzelnen Ebenen die störenden Objekte herausgelöscht. Da die bewegten Objekte nie an der gleichen Stelle sind, werden alle Bildteile ohne Objekte erhalten. Natürlich funktioniert dies auch umgekehrt, wenn etwa aus einer schwach besuchten Einkaufspassage ein belebter Treffpunkt gemacht werden soll. Es gibt auch Programme, die dies automatisch aus Einzelaufnahmen zusammenstellen.

Zuletzt bleibt noch die Bildretusche. Wirklich empfehlenswert ist sie nur in Ausnahmefällen. Zu oft sieht man den Bildern an, dass etwas

Abb. 71: Aufnahme in der Dämmerung

verändert wurde, zudem hält übertriebene Retusche von einer wirklichen Auseinandersetzung mit der gebauten Umwelt ab.

WETTER

Gerade bei Außenaufnahmen spielt das Wetter eine entscheidende, aber oft im Voraus unkalkulierbare Rolle, sodass Aufnahmen nur bedingt terminlich planbar sind. Sind Fassaden durch einen Regenguss benässt, wirken sie nicht nur aufgrund der Lichtstimmung bei regenverhangenem Himmel, sondern auch aufgrund der Oberflächenveränderung und -reflexion deutlich verändert gegenüber einem sonnigen Tag. Das Beobachten der Lichtsituationen an einem Gebäude ist unerlässlich, um die richtige Wirkung zu erzielen. Nicht immer muss es schönes Wetter und blauer Himmel sein, auch andere Wetterverhältnisse können ein Konzept unterstützen. > Kap. Bildanalyse

Schnee ist immer ein Sonderfall. Im Winter wirken Schneebilder all- Schnee täglich, im Sommer hingegen oft befremdlich, wogegen Sommerbilder im Winter oft eine positive Wirkung ausstrahlen. Daher sollten Schneebilder nur in besonderen Fällen aufgenommen werden, sie sind auch schwer mit anderen Bildern zu kombinieren.

Dämmerungsbilder haben ebenfalls eine spezielle Wirkung. Oft Dämmerung lassen sie dunkle Fensterflächen hell erscheinen oder erzeugen eine lebhafte Lichtstimmung. Bilder in der Dämmerung sollten gleich nach Sonnenuntergang aufgenommen werden, damit der Himmel noch über

Abb. 72: Innenraum mit natürlichem Licht

ausreichend Resthelligkeit verfügt. > Abb. 71 Den richtigen Zeitpunkt zwischen der Helligkeit außen und innen zu finden, ist schwer, deshalb bietet es sich an, kurz vor Sonnenuntergang die Kamera auf einem Stativ zu montieren, um die Bildeinstellung zu kontrollieren, und dann in regelmäßigen Abständen Aufnahmen zu machen, bis es ganz dunkel ist. Die automatische Belichtungssteuerung der Kamera ist bei Dämmerungsaufnahmen meist überfordert, eine manuelle Belichtungseinstellung und ihre Kontrolle sind daher nötig.

INNENAUFNAHMEN

Für Innenaufnahmen gelten dieselben Prinzipien der Bildgestaltung wie für Außenaufnahmen. Es gibt jedoch einige zusätzliche Aspekte in den Bereichen der Proportionen und des Lichts, die in die Konzeptionierung einzubeziehen sind. > Abb. 72

Proportionen   Bei einem normalen rechteckigen Innenraum ist es mit einem Normalobjektiv (Bildwinkel ca. 50°, KB Brennweite 50 mm) kaum möglich, auch nur eine Wandseite komplett abzubilden. Weitwinkelobjektive sind bei Innenraumaufnahmen absolut notwendig, doch selbst mit einem starken Weitwinkel ist maximal eine Wandseite ganz sichtbar zu machen, und die angrenzenden Wände können nur teilweise aufgenommen werden. Auch für das menschliche Auge ist nie der Raum im Ganzen zu sehen, aber die Proportionen des Raumes sind spürbar. Auf einer Fotografie sind nur bei sehr großen Innenräumen die Proportionen wirklich zu erkennen. Auch ein sehr kleiner Raum kann gut proportioniert sein, auf der Fotografie desselben muss dieses Raumgefühl jedoch mit anderen Mitteln transportiert werden. Hier ist die Kreativität gefragt, ein individuell passendes Konzept zu finden. > Kap. Bildanalyse

Abb. 73: Innenraum mit Kunstlicht   Abb. 74: Innenraum mit Mischlicht

KUNSTLICHT

In Innenräumen ist neben dem natürlichen Tageslicht meistens auch künstliches Licht vorhanden. Für das Auge wirken die meisten Lichtquellen weiß, nur Kerzenschein ist so stark gelblich, dass er auch so empfunden wird. Die Kamera registriert aber auch kleine Unterschiede in der Lichtfarbe. Jedes Leuchtmittel (Glühbirnen, Halogenleuchten, Gasentladungslampen, Leuchtstofflampen usw.) hat eine eigene Farbe. > Abb. 73 und 74 Leuchtstofflampen haben zusätzlich den unangenehmen Nachteil eines diskontinuierlichen Spektrums. Ihr Licht wird vom Auge als weiß empfunden, vom Film oder Sensor aber meist grünlich dargestellt. Wenn es in einem Raum überdies mehrere verschiedene Lichtquellen gibt, werden Bildstimmungen in der Regel sehr uneinheitlich und wirken dadurch schnell unangenehm, wenn die verschiedenen Lichtquellen nicht bewusst miteinander kombiniert werden.

Deutliche Abweichungen der Lichtfarbe lassen sich auf verschiedene Weise kompensieren. Bei einer einheitlichen Abweichung bietet sich bei Digitalkameras der Weißabgleich an. > Kap. Der Fotoapparat, Bedienungselemente Auch in der Bildbearbeitung lassen sich Farben bis zu einem gewissen Grad anpassen. Bei einer farbigen Lichtquelle werden jedoch manche Farben nicht dargestellt. Bei einer grünen Glühbirne wirken z. B. Rottöne dunkelgrau bis braun, da die Rotanteile im Licht nicht vorhanden sind und sie daher von der Fläche nicht reflektiert werden können. Dieses

Abb. 75: Hoher Kontrastumfang   **Abb. 76: Korrigierter Kontrastumfang**

Problem tritt bei sehr farbigem Licht, aber auch bei Neonröhren auf. So wird Holz in reinem Neonlicht schlecht wiedergegeben, sodass eine zusätzliche Beleuchtung notwendig wird.

Blitz   Der oft eingebaute Zusatzblitz bei Digitalkameras ist für Innenraumaufnahmen ungeeignet, da das direkte und harte Licht den Raum nicht moduliert, sondern ihn platt und leblos wirken lässt. Zusätzliche Beleuchtung sollte immer indirekt angewendet werden, da starke Schlagschatten durch direktes Licht unangenehm wirken. Wird die Leuchte dagegen auf eine von der Kamera nicht erfasste Wand gerichtet, entsteht ein wesentlich gleichmäßigeres Licht. Als Lichtquelle eignen sich je nach gewünschter Lichtfarbe und notwendiger Aufhellung Baustellenscheinwerfer, Stehlampen oder ein kleiner Handblitz.

Kontrastumfang   Ein Problem bei Innenraumaufnahmen ist oft der hohe Kontrastumfang. Zwischen den dunklen Raumecken und den hellen Fenstern besteht ein so großer Unterschied, dass auf dem Bild entweder die Fenster komplett überblendet oder die unbelichteten Raumteile komplett schwarz dargestellt werden. Abhilfe schafft hier die Digitaltechnik mit HDR-Bildern (High Dynamic Range) > Kap. Bildbearbeitung oder die Ebenentechnik. Es werden Belichtungen mit unterschiedlicher Helligkeit gemacht: ein dunkleres Bild, auf dem das Fenster und eventuell der Außenraum richtig dargestellt sind, und ein helleres Bild für die dunkleren Bereiche des Raumes. Diese Bilder werden dann manuell mit Hilfe von Ebenen ineinanderkopiert, so dass beide Bereiche gleichmäßig belichtet erscheinen.

Um natürlich wirkende Bilder zu erreichen, sollten diese Mittel jedoch sparsam angewendet werden. Oft werden Fotografien veröffentlicht, bei denen die Landschaft in den Fenstern genauso wiedergegeben wird, als stünde man draußen, während ein tiefer Innenraum taghell erscheint. Auch wenn die technische Bearbeitung dies zulässt, kann ein Bild mit überblendeten Fenstern oder leichter Bearbeitung Raumeindrücke unter Umständen sogar besser wiedergeben. > Abb. 75 und 76

BAUSTELLE

Einen Sonderfall stellt die Baustellendokumentation dar, die das tägliche Baugeschehen aus Beweissicherungsgründen festhält. Die Dokumentationspflicht des Architekten ist hier wichtiger als die Gestaltung des Einzelbildes. Bei einer Baustellendokumentation kommt es vor allem auf die Archivierung, die zeitliche Zuordnung und die Vollständigkeit an. Es sollte immer versucht werden, alle Teile eines Objekts zu dokumentieren, da bei der Erstellung der Bilder noch nicht bekannt ist, welches Bauteil später auf den Aufnahmen dokumentiert sein muss, um eventuelle Mängel nachzuweisen. Um Detailaufnahmen richtig einzuordnen, sind auch Übersichtsaufnahmen notwendig. Somit empfiehlt sich die Verwendung eines Zoom-Objektivs mit möglichst kleinem Weitwinkel im unteren Zoom-Bereich, um die verschiedenen Motive in Innen- und Außenräumen ablichten zu können.

Solange natürliches Licht für die Belichtung ausreichend ist, sollte auf zusätzliche Beleuchtung verzichtet werden. Falls eine Beleuchtung durch Baustellenscheinwerfer nicht möglich ist und aus Zeitgründen der Blitz der Kamera zum Einsatz kommen muss, empfiehlt sich ein externes Blitzgerät mit Diffusor. Dies ist eine Streuscheibe, die das harte Blitzlicht zumindest so weit dämpft, dass auch Schatten nicht flächig, sondern mit der vorhandenen Struktur abgelichtet werden. Beleuchtung

Digitalaufnahmen sind für die Baustellendokumentation aufgrund der schnellen Verfügbarkeit und der nicht mengenbezogenen Kosten günstig. Nachteilig ist aber deren Manipulierbarkeit und die mit Sorgfalt durchzuführende Archivierung. Wenn digital dokumentiert wird, ist ein Konzept der Datensicherung erforderlich, um Datenverluste zu verhindern. Die Daten sollten zumindest an mehreren Stellen auf sicheren Datenträgern als Backup gespeichert und gelagert werden. ∎

> ∎ **Tipp:** Ein gutes Medium zur Datensicherung bei Dokumentationen ist die Speicherkarte der Kamera, da Speicherkarten keine beweglichen Teile aufweisen und daher sehr langlebig sind. Wenn nur JPEG-Daten mit überschaubaren Auflösungen vorhanden sind, lassen sich große Mengen auf einer Speicherkarte unterbringen, und die Kosten sind kalkulierbar.

Auf Bildbearbeitung sollte bei der Baustellendokumentation verzichtet werden, um verschiedene Versionen und Verwechslungen auszuschließen und nicht den Verdacht der Manipulation aufkommen zu lassen. Auch empfiehlt es sich, die Bilder im JPEG-Format und nicht als RAW-Daten abzuspeichern, > Kap. Bildbearbeitung, Speicherformate da dieses Format plattform- und softwareunabhängiger ist und so von jedem Beteiligten genutzt werden kann.

MODELLAUFNAHMEN

In der Architekturfotografie werden nicht nur fertige Gebäude oder Baustellen abgelichtet, ein typisches Motiv sind auch Architekturmodelle. > Abb. 77 Obwohl bei Architekturaufnahmen die Aufnahme fast immer aus Augenhöhe erfolgt, ist dies bei Modellaufnahmen nur möglich, wenn das Modell und die technischen Möglichkeiten der Kamera dies erlauben. Die Vogelperspektive, besonders bei städtebaulichen Modellen, ist die meist verwendete Blickrichtung in der Modellfotografie. Bei städtebaulichen Modellen ist die Verwendung eines Normalobjektivs zu empfehlen, da der Abstand zum Modell nicht zu gering sein sollte. Die starke Fluchtung der Linien, die sich aus einem geringen Abstand ergeben, erschwert die Bewertung der Proportionen im Modell. Das Weitwinkelobjektiv ist für Aufnahmen aus Betrachterhöhe besser geeignet, um wie der spätere Besucher des Gebäudes von einem nahen Standpunkt aus einen möglichst großen Bildwinkel zu erfassen. Oft kann zu diesem Zweck die Kamera direkt auf die Modellplatte gelegt werden, oder die Aufnahmen können mit einem Stativ gemacht werden, das vor einem Tisch aufgebaut wird.

Modellaufnahmen sollten nicht bei Tageslicht durchgeführt werden, da Richtung und Winkel der Sonne nur schwer zu steuern sind und das Licht oft zu hart ist. Bei Modellaufnahmen im Raum kann schon eine einfache Glühbirne als Lichtquelle ausreichen. Wichtig ist vor allem, dass sie in der gewünschten Position fixiert wird. Das Modell sollte nie mit

■ **Tipp:** Während es in der Architekturfotografie bei richtiger Fokussierung selten Tiefenschärfeprobleme gibt, ist dieses Problem aufgrund der zu erfassenden Raumtiefe vor allem bei Modellfotografien in Aughöhe zu beachten. Um die Tiefenschärfe zu erhöhen, muss die Blende weiter geschlossen werden. Möglich sind auch Aufnahmen mit verschiedenen Schärfeeinstellungen, die über spezielle Programme zu scharfen Bildern zusammengerechnet werden.

Abb. 77: Modellaufnahme aus Augenhöhe

mehr als einer Lampe direkt beleuchtet werden, um doppelte oder drei-
fache Schatten zu vermeiden. Blitze sollten grundsätzlich nicht benutzt
werden, da diese unkalkulierbare Schatten und Lichtstimmungen hervorrufen. Sind Schatten zu dunkel, kann mit Hilfe einer indirekten Lampe,
die an die Decke strahlt, eine Grundbeleuchtung hergestellt werden. Das
Aufhellen von Schatten lässt sich zudem mit Hilfe einer hellen homogenen Fläche wie z. B. einem weißen Karton bewerkstelligen, der auf der
entgegengesetzten Seite der Lampe positioniert wird. Durch die Reflexion werden dunkle Stellen aufgehellt, ohne dass neue Schatten entstehen. Durch Bewegen der Fläche kann die optimale Position bestimmt
werden.

Grundsätzlich gilt: Je weiter weg eine Lichtquelle ist, desto härter
wirken die Schatten. Ist das Licht der Lichtquelle zu hart, kann mit einem
Transparentpapier vor der Lichtquelle weiches Licht erzeugt werden. Dabei ist bei starken Lichtquellen mit hoher Wärmeentwicklung unbedingt
ein Sicherheitsabstand zwischen Leuchtmittel und Papier einzuhalten.
Bei längeren Belichtungszeiten kann die Leuchtquelle auch bewegt werden, um harte Schattenkanten zu vermeiden.

Als Hintergrund einer Modellfotografie reicht meist ein dunkler oder
heller Stoff. Wo notwendig, kann die Hintergrundfläche auch in der Bildbearbeitung entsprechend modifiziert werden.

Weiterverarbeitung

Nach Erstellen der Bilder erfolgt ein weiterer, für die Qualität der Bilder entscheidender Arbeitsschritt: das Auswählen der geeigneten Aufnahmen und das Weiterverarbeiten zum Endprodukt. Bis auf wenige Ausnahmen findet die Weiterverarbeitung am Rechner statt, deshalb werden auch analoge Aufnahmen zunehmend digitalisiert. Grundsätzlich sollte angestrebt werden, alle Arbeitsabläufe (den Workflow) strukturiert und nachvollziehbar zu gestalten.

SCANNER

Zur Digitalisierung von analogem Filmmaterial bieten sich verschiedene Möglichkeiten an. Die am meisten verbreitete Art des Digitalisierens von Film ist der Flachbettscanner, der in der Arbeitsweise und Bedienung ähnlich wie ein Kopierer funktioniert. Generell muss bei Flachbettscannern mit einem Verlust an Bildinformation gegenüber der Vorlage gerechnet werden. Bessere Ergebnisse liefern Filmscanner, die meistens für den klassischen 35-Millimeter-Film in Form von Filmstreifen oder gerahmten Dias ausgelegt sind. Die Qualität des Scans schwankt dabei je nach Produkt. Im professionellen Bereich gibt es Trommelscanner, virtuelle Trommelscanner und industrielle Scanner, wie sie im Fotolabor zum Einsatz kommen. Mit diesen Systemen lässt sich aus einem Dia mehr Information holen, als mit dem bloßen Auge zu erfassen ist. Die Bedienung ist aber sehr komplex und erfordert eine mehrjährige Ausbildung, sodass die spätere Qualität eindeutig auch von der bedienenden Person abhängt. Soll das Optimum aus einer analogen Vorlage herausgeholt werden, ist ein kostspieliger Fachscan notwendig.

■ **Tipp:** Es gibt unzählige Programme für Datenimport, Verwaltung, Betrachtung, Bearbeitung, Ausgabe usw. Es ist nicht so entscheidend, stets das beste Programm zu nutzen, wichtiger ist es, den individuellen „Workflow" zu finden, auszuarbeiten und zu perfektionieren. Ein gutes Hilfsmittel ist es, zu notieren, wie mit welchen Bildern in Bezug auf Speicherung und Bearbeitung standardmäßig verfahren wird.

BILDER IMPORTIEREN

Mit der Digitalkamera entstandene Bilder werden entweder direkt mit Hilfe eines Kabels oder per Funk an den Rechner übermittelt. Möglich ist auch, die Speicherkarte zu entnehmen und die Daten über ein Lesegerät zu übertragen.

Neben dem Datentransfer zwischen Kamera und Rechner umfasst der Workflow die Speicherung und Datensicherung von Originaldaten und Bildversionen. Es ist sinnvoll, die Rohdaten der Kamera separat zu speichern, damit ausgewählte und bearbeitete Bilder sich nicht mit den Rohdaten vermischen und diese vor allem nicht ersetzen. Die Originalkameradaten sind unwiederbringlich verloren, wenn in der Nachbearbeitung Informationen gelöscht werden. Selbst leichte Korrekturen wie eine Veränderung der Helligkeit bewirken einen Verlust an Detailinformation. Mancher Verlust ist auf einem Bildschirm nicht zu erkennen, in einem Ausdruck aber schon. Auch sollte ein Backup zumindest für die Rohdaten und die bearbeiteten Bilder durchgeführt werden, um bei Datenverlust des Speichermediums auf die Sicherung zurückgreifen zu können.

■ Datensicherung

BILDAUSWAHL

Erfahrungsgemäß entstehen bei der Arbeit mit der Digitalkamera immer mehr Aufnahmen, als letztendlich benötigt werden. Neben Varianten des Motivs sind Belichtungsreihen desselben Motivs und Variationen im Motiv häufig anzutreffen, wie z. B. bewegte Gegenstände, die auf jedem Bild anders festgehalten sind. Der Bildauswahl und Verwaltung kommt daher eine wichtige Rolle zu, die in einem eigenen Arbeitsablauf integriert werden sollte. Die zahlreichen Bildverwaltungsprogramme leisten im Prinzip genau dies: Neben der Vorauswahl können Bilder sortiert, umbenannt oder mit Kommentaren und Stichwörtern versehen werden, EXIF-Daten können verändert und kleinere Bildkorrekturen vorgenommen werden. Über die Zuweisung von geeigneten Stichwörtern ist der Aufbau eines Bildarchivs mit Suchfunktionen möglich. Sehr praktisch ist auch die Möglichkeit, Kontaktbögen herzustellen. Dies sind Dateien, auf denen mehrere Motive zusammen abgebildet sind.

Das Exchangeable-Image-File-Format ist ein Standard für das Dateiformat, in dem Digitalkameras Informationen über die aufgenommenen Bilder (Metadaten) speichern. Neben Belichtungszeit, Blende und Voreinstellungen der Kamera, die bereits bei der Aufnahme geschrieben werden, können zusätzliche Daten wie Fotograf oder Thema eingetragen werden, was sehr zu empfehlen ist.

EXIF-Daten

Bildbearbeitung

AUFLÖSUNG

Für die Größe eines digitalen Bildes werden verschiedene Beschreibungsmöglichkeiten verwendet: Auflösung, Pixel, Dateigröße, dpi *(dots per inch)* oder einfach Bildgröße. Für die Bildqualität wichtig ist die Unterscheidung zwischen absoluter und relativer Auflösung.

Absolute Auflösung   Die absolute Auflösung bestimmt über die Anzahl an abgebildeten Bildpunkten die Datenmenge und damit die mögliche Wiedergabequalität einer Bilddatei. Die absolute Anzahl an Bildpunkten kann zwar über Bildverarbeitungssoftware erhöht werden, die Abbildungsqualität des Bildes jedoch nicht, da die Bildpunkte der Datengrundlage lediglich hochgerechnet und interpoliert werden.

Relative Auflösung   Die relative Auflösung ist die Anzahl der Bildpunkte pro Längeneinheit und wird im Allgemeinen in Bildpunkten (Pixel, dot) pro Zoll = 2,54 cm (dpi) gemessen.

Da die relative Auflösung in der Bildverarbeitung geändert werden kann, ohne dass sich die Informationsdichte erhöht, ist dies lediglich ein Indikator für die spätere Ausgabequalität bei einer bestimmten Größe. Die in Tabelle 2 genannten Auflösungen dienen als Anhaltspunkt für die notwendige relative Auflösung verschiedener Ausgabemedien und -größen. > Tab. 2

Die relative Auflösung dpi ist ohne Angabe der absoluten Auflösung oder der Ausgabegröße kein hilfreicher Faktor, um die Auflösung eines Bildes zu beschreiben. Ist eine Datei mit 600 dpi in der Größe DIN A4 angelegt, beträgt die Auflösung auf einem DIN-A2-Ausdruck noch 300 dpi, da die Anzahl der Bildpunkte gleichgeblieben ist. Nur die Größe und damit der Abstand zwischen den Bildpunkten hat sich verändert.

Tab. 2: Relative Auflösungen verschiedener Ausgabemedien und -größen

72 dpi	Bildschirmauflösung
160 dpi	Mindestauflösung Großdruck, ab DIN A0
200 dpi	Mindestauflösung Großdruck, ab DIN A1
300 dpi	Mindestauflösung einfacher Druck
600 dpi	Maximalauflösung der meisten Drucktechniken, eine höhere Auflösung wird selten umgesetzt

FARBEN

Die Bittiefe oder besser Farbtiefe gibt die Feinheit der Abstufungen an, mit denen ein Farbkanal einer einzelnen Farbe angegeben wird, unabhängig davon, wie diese Farbe als Pixel gespeichert wird. Eine Farbtiefe von 1 bit würde bedeuten, dass in einem Farbkanal (am Computerbildschirm z. B. Rot, Grün und Blau) genau zwei Zustände möglich wären, also zum Beispiel Schwarz und Rot. Bei der gebräuchlichen Farbtiefe von 8 bit sind 256 Zustände möglich, also 256 einzelne Töne pro Farbkanal. Bei einem Farbraum mit drei Kanälen wie dem üblichen RGB-Farbraum sind mit 8 bit pro Kanal entsprechend $(256)^3 = 16.777.216$ unterschiedliche Farben theoretisch möglich. Die meisten Computermonitore können nur 8 bit pro Kanal darstellen. Eine höhere Farbtiefe wie 16 bit oder 32 bit (HDR) > Kap. Bildbearbeitung, Spezielle Techniken lässt feinere Farb- und Helligkeitsstufen zu, erhöht aber auch die Datenmenge. Zur Darstellung dieser Dateien auf Monitoren wird das Bild wieder heruntergerechnet *(tone mapping)*.

Der Farbraum ist die Bezeichnung für das System, mit dem Farben dargestellt werden. Derselbe Farbton hat in jedem Farbraum eine andere Bezeichnung, bleibt aber derselbe Ton. Den Unterschied zwischen den Farbräumen bilden die Grenzen der Darstellbarkeit. Nicht in jedem Farbraum sind alle Farben darstellbar, sie werden nur ähnlich dargestellt. Die wichtigsten Farbräume sind:

— RGB (Rot/Grün/Blau),
— cmyk (Cyan/Magenta/Yellow/Black),
— L*a*b* (Farbachsensystem),
— HSV (Hue Saturation Value).

Digitalkameras, Scanner und praktisch alle Bildschirme verwenden einen RGB-Farbraum. RGB-Farbräume beruhen auf einem additiven System aus Rot, Blau und Grün. Im Idealfall ergeben Lichtquellen dieser drei Farben zusammen weißes Licht. Mit der Lupe auf einer weißen Fläche am Monitor ist das Prinzip gut zu sehen. sRGB, Adobe RGB, Apple RGB, Color Match RGB usw. sind unterschiedliche Industriestandards, die sich untereinander im Darstellungsbereich unterscheiden. Bei Bildschirmen, im Internet und im semiprofessionellen Bereich ist sRGB üblich. Wie in vielen Bereichen kann auch hier keine eindeutige Empfehlung abgegeben werden. Wichtig ist, dass nicht ständig gewechselt, sondern ein eigener Arbeitsablauf gefunden wird.

cmyk (zur Unterscheidung wird cmyk klein geschrieben, RGB groß) ist ein subtraktiver Farbraum und ist im Bereich der Druckmedien eindeutiger Standard. Würde man die Farben RGB übereinander drucken, so würde man ein Dunkelbraun erhalten. Deshalb besteht dieser Farbraum

(Randnotizen:) Farbtiefe — Farbräume

aus Cyan, Magenta, Gelb und Schwarz, denn mit diesen Farben lassen sich im Druckbereich fast alle Farben bis auf Weiß darstellen.

L*a*b* und HSV sind größere Farbräume, die in wissenschaftlichen und grafischen Bereichen beheimatet sind.

Farbprofile Farbprofile sind im professionellen Bereich unbedingt notwendig. Vereinfacht gesagt, wird bei jedem am Entstehungsprozess eines Bildes beteiligten Gerät (Scanner, Monitore, Drucker, Druckmedien, Druckmaschinen usw.) eine Art Visitenkarte (Profil) erstellt. Mit Hilfe der Profile lässt sich gewährleisten, dass Farben, Helligkeiten und Kontraste im
• Endprodukt dem Ausgangsmotiv entsprechen.

Da zur Profilierung die einzelnen Geräte mit einem Messgerät zu eichen sind, ist dieser Bereich nur fortgeschrittenen Anwendern zugänglich. Die konsequente Verwendung von Profilen wird Farbmanagement genannt. Auch für andere Anwender ist es sinnvoll, einen möglichst durchgehenden Arbeitsablauf zu finden und im Normalfall immer die gleichen Geräte zu nutzen (Scanner, Monitor, Drucker, Plotter). So kann auf die Besonderheiten der beteiligten Geräte eingegangen werden, und eventuelle Farbabweichungen können auch ohne professionelles Farbmanagement klein gehalten werden.

SPEICHERFORMATE

Neben Auflösung und Farbtiefe entscheidet auch das Speicherformat der Bilddatei über die Qualität. Wichtig ist vor allem die erste Datenspeicherung in der Kamera, aber auch das Datenformat des Endergebnisses.

RAW Als Rohdatenformat oder RAW wird ein jeweils modellabhängiges Dateiformat bezeichnet, das die Sensordaten weitgehend unbearbeitet speichert. Obwohl sich die Funktionsweise der digitalen Bildsensoren verschiedener Hersteller und Modelle im Allgemeinen nicht wesentlich unterscheidet, sind die jeweils abgespeicherten RAW-Formate zueinander nicht kompatibel. Der Informationsgehalt eines RAW ist immer größer als der im bearbeiteten Dateiformat, selbst wenn dieses größer ist.

● **Beispiel:** Eine Datei wird auf zwei verschiedenen Druckern mit zwei verschiedenen Papieren ausgedruckt. Es wäre Zufall, wenn der Farbeindruck derselbe wäre. Wenn die Profile des Druckers in Verbindung mit dem Papier bekannt sind, lässt sich die Ausgabe in der Bildbearbeitungssoftware so beeinflussen, dass auf beiden Druckern annähernd gleiche Ergebnisse entstehen.

■ **Tipp:** Für ein optimales Ergebnis ist die Bearbeitung in der RAW-Entwicklung immer derjenigen im Bildbearbeitungsprogramm vorzuziehen. Die Bildweiterverarbeitung sollte sich zudem auf das notwendige Minimum beschränken. Die Informationsdichte der ursprünglichen Datei kann durch nachträgliche Bearbeitung nur sinken oder bestenfalls gleich bleiben, nicht aber erhöht werden.

Wenn eine Digitalkamera JPEG-Daten oder RAW-Daten erstellen kann, empfiehlt sich immer das RAW-Format, auch wenn die Bilder danach immer bearbeitet werden müssen. Bei der Weiterverarbeitung von RAW-Daten spricht man auch von RAW-Entwicklung, da der Prozess an die Entwicklung von analogem Farbnegativmaterial erinnert. Die RAW-Entwicklung erfolgt über eigene Programme der Kamerahersteller oder Plug-Ins in der Bildbearbeitungssoftware.

DNG (Digital Negative) ist ein von Adobe entwickeltes Rohdaten- DNG format, das die verschiedenen spezifischen RAW-Formate ersetzen soll. Für eine Langzeitspeicherung empfiehlt sich dieser Standard eher als die kameraspezifischen RAW-Formate und die verlustbehafteten Standardformate TIFF oder JPEG. Noch ist aber nicht sicher, ob sich das DNG-Format wirklich als Standard durchsetzen wird.

Bilder mit der Endung .jpg sind im JPEG-Standard (JPEG = Joint Photo- JPEG graphic Experts Group) gespeichert. JPEG dient der verlustbehafteten Bildkompression. Das Besondere an diesem Standard ist die Möglichkeit, die Datenmenge beliebig zu reduzieren, was natürlich zu Lasten der Informationsdichte geht. Im Internet sind aufgrund der kleinen Datenübertragungsraten fast alle Bilder in diesem Bildformat gespeichert.

Bei Bildern mit der Endung .tif oder .tiff (Tagged Image File Format) TIFF wird jeder Bildpunkt einzeln gespeichert, die Dateigröße lässt also Rückschlüsse auf die Auflösung zu. Das TIFF-Format ist das Standardformat für Bilderspeicherung ohne Kompression.

BILDAUSARBEITUNG

Die Weiterverarbeitung von Bildern bietet vielfältige Möglichkeiten, Rohdaten zu bereinigen, zu verzerren, anzupassen und zu retuschieren. Freilich sollte sich niemand dazu verleiten lassen, Änderungen an Bildern vorzunehmen, nur weil es technisch machbar ist. Zudem lenken Programme mit mehreren tausend Befehlen, Filtern und Möglichkeiten davon ab, dass es eigentlich nur um eine Handvoll Parameter geht, die in der Bildbearbeitung wirklich wichtig sind. Daher beschränkt sich das folgende Kapitel auf diese Parameter und stellt Bezüge zum Kapitel Bildanalyse her.

Die richtige Belichtung sollte bereits bei der Aufnahme erfolgen, da Helligkeiten ansonsten fehlende Bildinformationen nicht mehr hergestellt werden können. Eine gewisse Toleranz ist in der RAW-Entwicklung jedoch möglich, die Helligkeit sollte aber nicht über den Befehl Helligkeit und Kontrast der Bildverarbeitung, sondern über die Gradationskurve geändert werden.

Ebenso sollte die Einstellung von Kontrasten nur in kleinen Ände- Kontraste rungsstufen vorgenommen werden. Gerade bei der Kontrastveränderung kann es leicht passieren, dass Lichter (die hellen Bereiche im Bild) oder Schatten (die dunklen Bereiche im Bild) gelöscht werden. Auf diese Weise verschwinden die Abstufungen innerhalb des Bereiches irreversibel.

Schärfen   Das Erhöhen von Kontrast an nicht homogenen Flächen nennt sich in der Digitaltechnik Schärfen. Digitale Bilder werden fast immer geschärft, manchmal bereits in der Kamerasoftware oder später in der Bildbearbeitung. Dabei wird lediglich der Schärfeeindruck erhöht, ein bei der Aufnahme entstandener Unschärfekreis kann jedoch nicht korrigiert werden. Auch für das Schärfen gibt es eigene Programme bzw. Plug-Ins. Wird zu viel geschärft, entstehen Artefakte (Störungen) und unschöne Übergänge. Für optimales Schärfen muss außerdem das Zielmedium (Druck, Bildschirm) und die Ausgabegröße berücksichtigt werden. Deshalb sollten die Bilder erst ganz zum Schluss und mit Bedacht geschärft werden.

Farben   Die Feinabstimmung der Farben sollte immer im Hinblick auf das Endergebnis erfolgen. Ohne durchgängiges Farbmanagement und kalibrierte Hardware ist es nicht möglich, die Farben exakt zu bestimmen. Um dennoch gute Ergebnisse zu erreichen, empfiehlt es sich, eine Musterdatei auf verschiedenen Ausgabegeräten zu erstellen und sich so dem gewünschten Ergebnis zu nähern. Wird eine Musterdatei in einem Fachlabor ausbelichtet, zeigt das Ergebnis, ob die eigene Gerätschaft im Vergleich zum Labor starke Abweichungen aufweist. Wenn der eigene Drucker farblich stark vom Monitorbild abweicht, empfiehlt es sich, ein Makro zu erstellen, welches die Abweichung korrigiert. Die Ausgangs-
■ datei sollte aber nicht zu sehr verändert werden.

Sind in der Aufnahme farbneutrale Flächen abgebildet, kann wie bei der Schwarz-Weiß-Aufnahme ein Weißabgleich durchgeführt werden.

> Kap. Der Fotoapparat, Bedienungselemente

■ **Tipp:** Wenn bei der Änderung von Farben oder Helligkeiten noch Unsicherheit herrscht, gibt es einen einfachen Trick, um Helligkeiten zu korrigieren oder Farbstiche zu beseitigen. Soll zum Beispiel ein Innenraumbild geändert werden, welches durch Kunstlicht zu orange geworden ist, muss die Farbbalance in Richtung Cyan geändert werden – und zwar so lange, bis der Farbton umkippt, also ein Cyan-Farbstich erreicht ist. Die Halbierung dieses Wertes stellt einen befriedigenden Änderungswert dar.

BILDFEHLERKORREKTUREN

Eine häufige Ursache für eine notwendige Bildbearbeitung sind Bildfehler, die durch entsprechende Objektivfehler entstehen. > Kap. Der Fotoapparat, Objektive Für fast jeden Fehler gibt es eigenständige Korrekturprogramme. Einige bieten auch eine auf die gängigsten Objektive jeweils einzeln abgestimmte Korrektur an. Jedes Bildbearbeitungsprogramm hat zudem verschiedene Wege, Bildfehler zu korrigieren. Typische Einstellungen sollten abgespeichert oder notiert werden, um den Fehler eines Objektivs bei allen Bildern korrigieren zu können. Einige Fehler wie z. B. Farbfehler am Bildrand treten häufig auf, sind aber nur sehr schwer zu bereinigen; andere, wie der Moiré-Effekt (Überlagerungen eines feinen Rasters im Motiv mit dem Raster des Bildsensors), sind nachträglich praktisch nicht korrigierbar.

Ein Helligkeitsabfall zum Rand hin wird Vignettierung genannt. Die meisten RAW-Konverter verfügen über eine Kompensationseinstellung, mit deren Hilfe Stärke und Verlauf zu bestimmen sind. Den Helligkeitsverlauf manuell im Bildbearbeitungsprogramm zu korrigieren ist wesentlich aufwendiger. Vignettierung

Verzeichnung ist nicht mit Verzerrung zu verwechseln. Sie bezeichnet die tonnen- oder kissenförmige Darstellung von parallelen Linien. > Kap. Der Fotoapparat, Objektive Weitwinkelobjektive weisen fast immer diesen Abbildungsfehler auf. Da die Verzeichnung oft nicht regelmäßig ist, kann ein Restfehler durchaus unkorrigierbar sein. Zur Bearbeitung empfiehlt es sich, Hilfslinien oder Raster einzublenden. Verzeichnung

Um die durch die Perspektive entstandene, unerwünschte Verzerrung der Drei-Flucht-Perspektive zu korrigieren, gibt es zahlreiche Möglichkeiten. Auch hier ist ein Raster nötig. Verzerrung

Staub ist ein ständiges und bei Spiegelreflexkameras systemimmanentes Problem. Die Vermeidung ist weniger aufwendig als die spätere Beseitigung. Vor allem bei Wechselobjektiven ist eine ständige Kontrolle der Staubfreiheit nötig. Um diese zu testen, können über eine Aufnahme gegen eine homogene Fläche (z. B. Himmel) mit kleinster Blende Staubpartikel sichtbar gemacht werden, wobei am besten nicht scharf und auf helles Grau belichtet wird. Sind sie trotzdem auf den Bildern vorhanden, ist fast immer eine händische Retusche nötig. Programme zur automatischen Korrektur verwaschen das Bild häufig, da sie zwischen feinen Bildelementen und Staub nicht unterscheiden können. Staubretusche

RETUSCHEN

Die Retusche von Bildern umfasst nicht nur die Beseitigung von Bildfehlern wie Staub und Kratzern, sondern auch die bewusste Bildveränderung. Mit der digitalen Technik ist es noch einfacher geworden, Bilder komplett abzuwandeln. Bauzäune, Blumentöpfe, Autos und ganze Häuser werden aus Fotografien entfernt, um die gewünschte Reduktion der Bildinhalte zu erreichen. Da Architekturfotografie immer weiter in den

Bereich der Werbung rückt, ist dies eine logische Entwicklung. Auch gibt es zunehmend Gebäudebestandteile, die ein homogenes Bild zu stören scheinen: Steckdosen, Lichtauslässe, Feuermelder, Schalter, Revisionsöffnungen usw. Obwohl heutige Bildverarbeitungsprogramme größere Möglichkeiten in der Retusche anbieten, sollte sie nur durchgeführt werden, wenn sie wirklich notwendig ist. Entspricht eine Fotografie grundsätzlich nicht mehr dem Motiv, wird Architektur nicht in ihrer realen Daseinsform dokumentiert.

SPEZIELLE TECHNIKEN

Stitch   Stitching (*to stitch together* = „nähen" oder „zusammenheften") bezeichnet in der Fotografie das Erstellen eines großen Bildes aus verschiedenen kleineren Einzelaufnahmen. So kann aus mehreren Aufnahmen vom selben Standpunkt aus ein Panorama entstehen, indem die Einzelbilder per Software zusammengefügt werden. Während zwei oder drei Aufnahmen noch über die normale Bildverarbeitung zusammenzufügen sind, gibt es spezielle Programme, die mehrere hundert Einzelaufnahmen vereinen können. Werden Aufnahmen von räumlichen Körpern zusammengefügt, die nicht aus der gleichen Perspektive aufgenommen sind, > Abb.78 entspricht das Bild nicht der Realität. So können z. B. einzelne Elemente im Hintergrund mehrmals erscheinen. Nur über das parallele Verschieben der Aufnahmeebene oder Drehen im Nodalpunkt werden Abbildungen erreicht, die der Realität entsprechen.

Mapping   In der Natur kommen Helligkeitsunterschiede vor, die weder das Auge noch ein Film oder ein Sensor darstellen können. Das Auge kann jedoch immer noch wesentlich mehr Kontrast wahrnehmen als ein Film oder ein Sensor. Auch kann ein gedrucktes Bild wesentlich weniger Kontrast darstellen als ein Bildschirm. Deshalb werden Kontraste und auch Farben komprimiert. Gamut- oder Colormapping nennt sich dieser Vorgang, der oft im Hintergrund abläuft, wie z. B. beim Ausdrucken durch die Druckersoftware, der aber auch bewusst gesteuert werden kann, z. B. bei der HDR-Technik.

HDR   High Dynamic Range ist der Versuch, extreme Bildkontraste darzustellen. In einem dunklen Raum mit kleinem Fenster ist die Landschaft draußen mit bloßem Auge gut zu erkennen, ebenso die Gegenstände im Raum. Auf einem Foto ist dies bisher kaum darstellbar gewesen. Entweder ist der Raum richtig, d. h. dem Eindruck entsprechend, wiedergegeben, und das Fenster ist weiß, oder man erkennt die Landschaft, dafür ist der Raum schwarz. Das Auge kompensiert die Helligkeitsunterschiede durch Veränderung der Blende (Pupille) und durch Weiterverarbeitungsleistung. Auch wir sehen nicht beides gleichzeitig, sondern nacheinander. In der HDR-Technik wird versucht, diese extremen Kontraste wiederzugeben. Es werden Aufnahmen unterschiedlicher Belichtung über Programme zusammengeführt. Diese technische Möglichkeit ist faszinierend, aber der Bildeindruck ist fast immer sehr künstlich. Die Sehgewohnheiten ändern

Abb. 78: Aus 40 Einzelaufnahmen zusammengesetztes Bild

sich zwar, aber nur sehr langsam. Ein überblendetes Fenster in einem dunklen Raum wird auf einem Bild natürlicher empfunden als ein Fenster, das einen ebenso hellen Innenraum von einem Außenraum trennt. Das Fenster wirkt dann wie ein Leuchtkasten. Diese Techniken können durchaus angewendet werden, aber Bedingung ist, dass sich der Bildeindruck auf diese Weise wirklich verbessert.

DAS BILD ALS ENDERGEBNIS

Jede Anwendung stellt eigene Anforderungen an die Art der Daten. Anwendungsdateien Im Internet oder bei einer Beamerpräsentation ist die Datengröße der entscheidende Faktor. Unterschiedliche Drucker benötigen oft verschiedene Farbräume oder arbeiten mit unterschiedlichen Auflösungen. Deshalb sind Informationen über die speziellen Anforderungen der jeweiligen Anwendung notwendig, damit die Dateien dementsprechend umgewandelt werden können. Es ist ratsam, neben der Stammdatei Anwendungsdateien für bestimmte Verwendungen anzulegen. Es ergibt keinen Sinn, eine in 16 bit gespeicherte, 30 oder 40 MB große Datei in eine Beamerpräsentation zu integrieren. Die maximale Auflösung beträgt hier meistens nur 1024 × 768 Bildpunkte. Größere Datenmengen machen die Präsentation nur langsamer. Viele Bildverarbeitungsprogramme bieten auch eine Stapelverarbeitung an, mit deren Hilfe mehrere Bilder auf einmal umgewandelt werden können.

Es sollte zudem immer auf austauschbare Dateiformate geachtet Dateiformate werden, auch auf Kompatibilität zwischen Mac- und PC-Systemen. Starke Komprimierungsraten bei verlustbehafteten Dateiformaten (z. B. JPEG-Format) sind immer zu vermeiden, besser ist es, die Bilder vorher kleiner zu rechnen und dann erst zu komprimieren.

Werden Bilddateien an Dritte weitergegeben, beispielsweise zum Bildweitergabe Postkartendruck oder an Fachzeitschriften, wird eigentlich ein durchgehendes Farbmanagement > Kap. Bildbearbeitung, Farben benötigt. Ist dies nicht möglich, empfiehlt es sich, Aufsichtsvorlagen mitzugeben, die dem gewünschten Bildeindruck entsprechen.

Jeder Drucker und jedes Papier hat seine eigene Charakteristik. Es Drucker ist ratsam, sich auf wenige verschiedene Medien zu beschränken, diese jedoch durch Ausprobieren zu optimieren. Beim Druckerworkflow sollte beachten werden, dass Druckersoftware oft Automatikfunktionen anbietet, die Farbkorrekturen im Hintergrund ausführen. Soll dieser Prozess selbst gesteuert werden, müssen diese Korrekturen abgeschaltet sein. Die zunehmende technische Perfektion, die mit Tintenstrahldruckern und geeigneten Papieren erreicht wird, lenkt aber auch davon ab, dass letztendlich der Nutzer die Entscheidung trifft. Farbbeurteilung erfordert ein geschultes Auge.

Lichtbeständigkeit   Bei Ausdrucken auf einem Tintenstrahldrucker stellt sich zusätzlich die Frage der Lichtbeständigkeit. Bei manchen Systemen wird diese über eine spezielle Pigmenttinte erreicht, bei anderen über spezielle Papiere. Da es sich um relativ neue Techniken handelt, gibt es aber weder echte Erfahrungswerte über die Langlebigkeit noch ein bestimmtes System, welches sich durchgesetzt hat.

Der Architekt und die Medien

Von Architekten wird heutzutage verlangt, sich in vielen Spezialgebieten und Randbereichen ihres Berufes auszukennen. Selbst wenn sie dabei nicht den Fachmann ersetzen können, sollten sie auf höchstem technischen Niveau mit ihm kommunizieren können. Gerade der Bereich der Medien und Werbung ist in den letzten Jahren eine zusätzliche Herausforderung für Architekten geworden. Die Zusammenarbeit mit Fotografen, Autoren, Redakteuren, Journalisten und PR-Fachleuten wird zunehmend zum Alltag im Architekturbetrieb. Die Auseinandersetzung mit Architekturfotografie ist allein unter diesem Aspekt für Ausbildung und Berufsausübung ratsam. Der Architekt soll den Fotografen dabei nicht ersetzen, er muss dessen Arbeitsmethoden aber einschätzen und eventuell steuern können.

Im besten Falle ist Architekturfotografie Autorenfotografie, die durch die persönliche Handschrift des Fotografen geprägt ist und durch dessen Kompetenzen zusätzliche Qualitäten erreicht. Der Bereich der Architektur, der am ehesten mit der Fotografie verwandt ist, ist wohl der Entwurf. Auch im Entwurf lassen sich Prinzipien und Techniken erlernen, aber erst durch die Persönlichkeit des Autors entsteht ein eigenständiges Werk. Autorenfotografie

In den meisten Fachmedien des Architekturbetriebs werden solche Aufnahmen bevorzugt. In den letzten Jahren gewinnt die werbliche Fotografie auch im Architekturbereich immer stärker an Gewicht. Bei ihr steht das Bild und die Wirkung auf den Betrachter und nicht das Objekt selbst im Mittelpunkt.

Jeder Architekt muss sich also Gedanken machen, auf welche Art er seine Bauwerke vermarkten will. Um Bilder professioneller Fotografen nutzen zu können, muss er sich außerdem mit Bildrechten auseinandersetzen.

Bildrechte sind grundsätzlich Urheberrechte, sie liegen also unveräußerlich beim Bildautor. Nutzungsrechte können aber durchaus übertragen werden. Dies sind die Rechte, die z. B. ein Architekt von einem Fotografen erwerben muss, wenn er die Bilder nutzen, also publizieren will. Nutzungsrechte können für einen bestimmten Anlass übertragen werden, z. B. einen Internetauftritt oder allgemein für jede beliebige Nutzung. Fotografen geben Architekten im Normalfall einfache Nutzungsrechte weiter, die aber nicht an Dritte übertragbar sind. Der Architekt kann also die Bilder für die Eigenwerbung in Broschüren und auf der Internetseite nutzen, wenn jedoch ein Dritter wie z. B. ein Verlag oder eine Fachfirma die Bilder publizieren möchte, sind diese zur Abgeltung der Nutzungsrechte an den Fotografen verpflichtet. In den meisten Ländern ist die Höhe des Honorars durch Vereinbarungen der Berufsverbände Bildrechte geregelt. Neben dieser Mischkalkulation für den Fotografen (jeder Nutzer zahlt für seine Verwendung) gibt es auch die Möglichkeit, die Nutzungsrechte ausschließlich zu übertragen, dann kann der Nutzer völlig frei über die Verwendung bestimmen. Da dies für den Architekten oft mit hohen Kosten verbunden ist, kommt dieses Modell, das dem Kostenmodell der Werbefotografie entspricht, seltener vor. Da die meisten Fachmedien über feste Abbildungshonorare verfügen, die sie den Fotografen, nicht aber den Architekten zahlen, ist dies auch nicht sinnvoll.

Schlusswort

Sind die technischen Hürden erst überwunden, kann Fotografie ein wunderbares Werkzeug für den Architekten sein. Die Schulung des Sehens durch die Analyse von Fotografien und deren Intentionen ist für die architektonische Arbeit zudem äußerst hilfreich. Nur wenn Details und Zusammenhänge gesehen werden, können diese in die eigene Arbeit einfließen. Der Fotoapparat ist zu dieser Sensibilisierung zwar nicht unbedingt notwendig, aber neben dem Skizzenblock das beste Übungsgerät. Darstellung ist immer Reduktion und damit Interpretation. Nur aus der Interpretation des Bestehenden kann Neues entstehen.

Aus den Differenzen zwischen einem real erlebten Gebäude und dem in den Medien verbreiteten Bild desselben sind zudem viele interessante Rückschlüsse zu ziehen.

Bereits der Student sollte damit beginnen, ein eigenes Bildarchiv anzulegen, das Beispiele aus Publikationen und selbst gefertigte Bilder enthält. Selbst die schier unendliche Auswahl an Beispielen im Internet kann eine eigene Sammlung nicht ersetzen.

Auch im späteren Berufsleben spielen Werbung und Öffentlichkeitsarbeit für Architekten eine große Rolle. Die Präsentation der gebauten Werke ist für die Auftragsbeschaffung unumgänglich. Da der Erstkontakt eines Bauherrn mit den Referenzen eines Architekten oft über Internet-Auftritte oder Broschüren und nicht bei einer Begehung des Objektes erfolgt, entscheiden Fotografien darüber, ob das Werk eines Architekten potenziellen Bauherren zusagt. Auch das Renommee eines Architekten in der Fachwelt gründet fast immer auf guten Darstellungen und Fotografien seines Werkes.

Für den Architekten ist es somit sehr wichtig, sich mit dem Medium Fotografie zu beschäftigen, um die Möglichkeiten der Darstellung einschätzen zu können. Der Entwurfsgedanke eines Gebäudes lässt sich nur transportieren, wenn die Fotografie auf diesen Gedanken eingeht und ihn als Inhalt vermittelt.

Anhang

LITERATUR

Götz Adriani: *In Szene gesetzt, Architektur in der Fotografie der Gegenwart,* Hatje Cantz Verlag, Ostfildern-Ruit 2002

Otl Aicher: *Analog und Digital,* Ernst & Sohn Verlag, München 1991

Gabriele Basilico: *L'esperienza dei luoghi,* Art& Verlag, Tavagnacco (Udine) 1997

Gerda Breuer: *Außenhaut und Innenraum, Mutmaßungen zu einem gestörten Verhältnis zwischen Photographie und Architektur,* Anabas-Verlag, Frankfurt a. M. 1997

Nott Caviezel: „Ceci n'est pas une pipe, Von der Architektur im Bild"; in: *Werk, Bauen + Wohnen,* Heft 9, Verlag Werk AG, Zürich 2004

Joachim Giebelhausen: *Architektur-Fotografie,* Verlag Großbild-Technik, München 1964

Klaus Kinold: *„Ich will Architektur zeigen, wie sie ist",* Klaus Kinold, Fotograf, Richter Verlag, Düsseldorf 1993

Michael Kneißl: *Digitale Fotografie,* D.T.V. Verlag, München 2003

Bart Lootsma: „Das Bild und das Visuelle", in: *Daidalos,* Heft 66, Callwey Verlag, München 1997

Jost J. Marchesi: *digital Fotokollegium 1–3,* Verlag Photographie, Schaffhausen 2007

Rolf Sachsse: *Bild und Bau, Zur Nutzung technischer Medien beim Entwerfen von Architektur,* Vieweg Verlag, Braunschweig, Wiesbaden 1997

Rolf Sachsse: *Photographie als Medium der Architekturtheorie,* K.G. Saur Verlag, München 1984

Karl-Hugo Schmölz: *Hugo Schmölz, Fotografierte Architektur 1924–1937,* Verlag Mahnert-Lueg, München 1982

Julius Shulman: *Modernism Rediscovered,* Taschen Verlag, Köln 2009

TECHNISCHE DATEN DER FOTOGRAFIEN

Abbildung S. 8 Technik:	Lagerhalle Kemeter, Eichstätt, Architekten Hild & Kaltwasser Linhof Kardan GT 8 × 10 inch, Farbdia, Objektiv 200 mm
Abbildung S. 10 Technik:	Haus Aggstall, München, Hild und K Architekten Linhof Kardan GT, Farbdia 13 × 18cm, Objektiv 300 mm
Abbildung 7 Technik:	Beton Versuchspavillon, Kaiserslautern, Architekten Matthias Castorph, Dagmar Jung, Marten Ulpts Technika V, Farbdia 13 × 18cm, Objektiv 150 mm
Abbildung 8–11 Technik:	Laimer Würfel, München, Architekten Frick, Krüger, Nusser, Plan2 Abbildung 8: Digitale SLR, 12 MP, linke Aufnahme Objektiv 18 mm, Perspektivkorrektur in der Bildverarbeitung Abbildung 9: Digitale SLR, 12 MP, Stitch aus 2 Bildern, Shift-Objektiv 35 mm Abbildung 10: Digitale SLR, 12 MP, Shift-Objektiv 45 mm Abbildung 11: Digitale SLR, 12 MP, Objektiv 250 mm
Abbildung 12, 13 Technik:	Bürogebäude Pullach, Architekt Franz Riepl Linhof Kardan GT 13 × 18cm, Farbdia, Objektiv 110 mm
Abbildung 15 Technik: Technik:	Links: Niedrigenergiehaus München, Architekt Martin Pool Linhof Technikardan, Farbdia 4 × 5 inch, Objektiv 72 mm Rechts: Haus Fuchs, Ramstein, Bayer Uhrig Architekten Digitale SLR, 12 MP, Stitch aus 3 Bildern, Shift-Objektiv 35 mm
Abbildung 16	Canon Spiegelreflexkamera, Zörk Shiftadapter, Objektiv Pentax 35 mm
Abbildung 18	Sinar ArTec Kamera mit Sinar 33 MP Digitalback
Abbildung 19	Linhof Kardan GT
Abbildung 20, 21 Technik:	Wohnhaus Ramstein, Bayer Uhrig Architekten Linhof Technikardan, Farbdia 4 × 5 inch, Objektiv 72 mm, Abenddämmerung
Abbildung 22 Technik:	Sozialer Wohnungsbau, Kempten, Architekten Hild & Kaltwasser Linhof Kardan GT, Rollfilm 6 × 9 cm, Objektiv 58 mm
Abbildung 23 Technik:	Universitätsbibliothek Weimar, Meck Architekten Linhof Technikardan, Rollfilm 6 × 9 cm, Objektiv 47 mm
Abbildung 24, 25 Technik:	Forschungszentrum Ingolstadt, Fink + Jocher Architekten Linhof Kardan GT, Diafilm 13 × 18 cm, Objektiv 110 mm
Abbildung 26 Technik:	Friedhof Finisterre, Galizien, Spanien Technika III, Farbdia 13 × 18 cm, Objektiv 110 mm, Morgendämmerung
Abbildung 27 Technik:	Forschungszentrum Ingolstadt, Fink + Jocher Architekten Linhof Kardan GT, Farbdia 13 × 18 cm, Objektiv 90 mm
Abbildung 28, 29 Technik:	Schulzentrum Riem, München, Spreen Architekten Linhof Technikardan, Rollfilm 6 × 9 cm, Objektiv 58 mm
Abbildung 30 Technik:	Flugzeuglackierhalle, Erding, Lux Architekten Linhof Technikardan, Rollfilm 6 × 9 cm, Objektiv 35 mm

Abbildung 31	Lagerhalle Kemeter, Eichstätt, Architekten Hild & Kaltwasser
Technik:	Linhof Technikardan, Farbdia 9 × 12 cm, Objektiv 47 mm, MB 220/8
Abbildung 32	Studentenwohnungen, Garching, Fink + Jocher Architekten
Technik:	Linhof Kardan GT, Farbdia 13 × 18 cm, Objektiv 90 mm
Abbildung 33	Haus Steinwenden, Bayer Uhrig Architekten
Technik:	Linhof Technikardan, Rollfilm 6 × 9 cm, Objektiv 90 mm
Abbildung 34, 35	Forschungsgebäude in der zentralen Hochschulsportanlage, München, Hild und K Architekten
Technik:	Plaubel Proshift, Farbdia 6 × 9 cm, Objektiv 47 mm
Abbildung 36	Parkhaus Riem, München, Hild und K Architekten
Technik:	Linhof Kardan GT, Planfilm 4 × 5 inch, Objektiv 72 mm
Abbildung 37	Verwaltungsgebäude SWM, München, Meck Architekten
Technik:	Linhof Technikardan, Farbdia 4 × 5 inch, Objektiv 150 mm
Abbildung 38, 39	Parkhaus Riem, München, Hild und K Architekten
Technik:	Linhof Kardan GT, Farbdia 13 × 18 cm, Objektiv 110 mm, 300 mm
Abbildung 40	Wohnhaus Ramstein, Bayer Uhrig Architekten
Technik:	Linhof Technikardan, Rollfilm 6 × 9 cm, Objektiv 72 mm
Abbildung 41	Challenger für Air Independence
Technik:	Technika V, Farbdia 13 × 18 cm, Unschärfe durch Schwenken der Objektivebene, Objektiv 300 mm
Abbildung 42	Nuwog Verwaltungsgebäude, Neu-Ulm, Fink + Jocher Architekten
Technik:	Digitale SLR, 12 MP, Stitch aus 8 Bildern, Shift-Objektiv 35 mm
Abbildung 43	Realschule Aschheim, Bär, Stadelmann, Stöcker Architekten
Technik:	Linhof Technikardan, Farbdia 6 × 9 cm, Objektiv 72 mm, Polfilter
Abbildung 44	Bauzentrum, München, Hild und K Architekten
Technik:	Linhof Kardan GT, Farbdia 13 × 18 cm, Objektiv 300 mm, Nachtaufnahme, 5 s Belichtung
Abbildung 45	Haus Gillet, Lüttich, Belgien, Architekt Jacques Gillet
Technik:	Linhof Technikardan, Farbdia 4 × 5 inch, Farbkorrekturfilter
Abbildung 46	Stadel
Technik:	Linhof Technikardan GT 4 × 5 inch, Objektiv 210 mm, f 16, 1 s
Abbildung 47	Forschungsgebäude, Ingolstadt, Fink + Jocher Architekten
Technik:	Linhof Kardan GT, Farbdia 13 × 18 cm, Objektiv 480 mm
Abbildung 48	Buswartehaus Landshut, Hild und K Architekten
Technik:	Linhof Kardan GT 8 × 10 inch, Farbnegativ, Objektiv 200 mm
Abbildung 49	Challenger für Air Independence
Technik:	Technika V, Farbdia 13 × 18 cm, Unschärfe durch Schwenken der Objektivebene, Objektiv 500 mm, offene Blende
Abbildung 50, 51	„Transplant" Kunst am Bau, Künstler Matthias Castorph
Technik:	Technika V, Farbdia 13 × 18 cm, Objektiv 110 mm
Abbildung 52, 53	Beton Versuchspavillon, Kaiserslautern, Architekten Matthias Castorph, Dagmar Jung, Marten Ulpts
Technik:	Technika V, Farbdia 13 × 18 cm, Objektiv 72 mm, 300 mm

Abbildung 54	Linde Verwaltungsgebäude, Aschaffenburg, Ritter Bauer Architekten
Technik:	Digitale SLR, 12 MP, Bild aus 2 Einzelaufnahmen mit je einem Stapler zusammengesetzt, Shift-Objektiv 35 mm
Abbildung 55	Niederländisches Generalkonsulat, München, Cepezed Architekten mit Ring Schuster Architekten
Technik:	Linhof Technikardan, Rollfilm 6 × 9 cm, Ausschnitt, f 11, 1 / 2 s
Abbildung 56, 57	Friedhof Riem, München, Meck Architekten
Technik:	Linhof Kardan GT 8 × 10 inch, Farbdia, Objektiv 150 mm
Abbildung 58	Bauzentrum, München, Architekten Hild & Kaltwasser
Technik:	Linhof Kardan GT, Farbdia 13 × 18 cm, Objektiv 110 mm
Abbildung 59	Dachausbau Baaderstraße, München, Meck Architekten mit Susanne Frank
Technik:	Digitale SLR, 12 MP, Shift-Objektiv 35 mm
Abbildung 60	Bauzentrum, München, Architekten Hild & Kaltwasser
Technik:	Linhof Kardan GT, Farbdia 13 × 18 cm, Objektiv 110 mm, Farbausgleichsfilter für Neonlicht
Abbildung 61	Temporäre Brücke, München, Architekt G. Haimerl
Technik:	Linhof Technikardan, Rollfilm 6 × 9 cm, Objektiv 110 mm, f 11, 3 s
Abbildung 62	Haus Fellner, Großnöbach, Bayer Uhrig Architekten
Technik:	Linhof Technikardan, Rollfilm 6 × 9 cm, Objektiv 110 mm
Abbildung 63	Aufberg 1113, Meck Architekten
Technik:	Sinar ArTec, Digitalback Sinar eMotion 75, 33 MP, Objektiv Sinaron HR 28
Abbildung 64	Niederländisches Generalkonsulat, München, Cepezed Architekten mit Ring Schuster Architekten
Technik:	Linhof Technikardan, Diafilm 4 × 5 inch, Objektiv 90 mm
Abbildung 65	Ausstellung im Bayerischen Nationalmuseum, München, Hild und K Architekten
Technik:	Linhof Technikardan, Diafilm 4 × 5 inch, Objektiv 72 mm, f 11, 15 s
Abbildung 66	Fernmeldeschule Starnberg, Architekt Gerhard Landbrecht
Technik:	Linhof Technikardan, Farbdia 4 × 5 inch, Objektiv 72 mm, Morgennebel
Abbildung 67	Pfarrheim Lenting, Meck Architekten
Technik:	Linhof Technikardan, Farbdia 4 × 5 inch, Objektiv 72 mm
Abbildung S. 48	Seminar an der Universität Kaiserslautern, 2007, Lehrgebiet B.O.E. Prof. Dr. M. Castorph Links oben: Christine Jung, rechts oben: Liu Ruo, Mitte links: Michael Zach, Mitte rechts: Julia Lederle, unten links: Oliver von der Heydt, unten rechts: Mira Sasser
Abbildung 68, 69	Realschule Aschheim, Bär, Stadelmann, Stöcker Architekten
Technik:	Linhof Technikardan, Farbdia 4 × 5 inch, Objektiv 110 mm
Abbildung 71	Pfarrzentrum Thalmässing, Meck Architekten
Technik:	Linhof Technikardan, Farbdia 4 × 5 inch, Objektiv 90 mm, f 11, 8 s
Abbildung 72	Haus Gillet, Lüttich, Belgien, Architekt Jacques Gillet
Technik:	Linhof Technikardan, Rollfilm 6 × 12 cm, Farbkorrekturfilter

Abbildung 73	Kantine Rathaus München, Morphologic Architekten Gebhard und Burgstaller
Technik:	Digitale SLR, 12 MP, Shift-Objektiv 35 mm, zusammengesetzt aus drei Bildern mit verschiedener Belichtung
Abbildung 74	Arztpraxis, München, Landau und Kindelbacher Architekten
Technik:	Linhof Technikardan, Rollfilm 6 × 9 cm, Farbkorrekturfilter, Farbausgleich über Filter und Weiterverarbeitung
Abbildung 75, 76	Dachgeschossausbau, München, Unterlandstättner Schmöller Architekten
Technik:	Digitale SLR, 12 MP, Shift-Objektiv 35 mm
Abbildung 77	Modell des Platzes der Menschenrechte, Valentien + Valentien Landschaftsarchitekten
Technik:	Digitale SLR, 8 MP, Objektiv 22 mm
Abbildung 78	Museum Manching, Architekt Florian Fischer
Technik:	Digitale SLR, 12 MP, Shift-Objektiv 35 mm. Jede Achse ist eine Aufnahme, diese Aufnahmen ergeben zusammengesetzt ein Bild von mehreren Metern Länge. Eine Frontalaufnahme war aufgrund des fehlenden Abstands nicht möglich.

DER AUTOR

Michael Heinrich, Dipl.-Ing., arbeitet als freier Architekturfotograf in München und gibt Seminare für Architekturstudenten. Neben der Ausbildung zum Fotografen an der Bayerischen Staatslehranstalt für Fotografie studierte er Architektur an der TU München.

Reihenherausgeber: Bert Bielefeld
Konzept: Bert Bielefeld, Annette Gref
Layout und Covergestaltung: Andreas Hidber
Satzherstellung und Produktion: Amelie Solbrig

Abbildungen und Grafiken: Michael Heinrich

Bibliografische Information der Deutschen
Nationalbibliothek
Die Deutsche Nationalbibliothek verzeichnet
diese Publikation in der Deutschen National-
bibliografie; detaillierte bibliografische Daten
sind im Internet über http://dnb.dnb.de
abrufbar.

Dieses Buch ist ebenfalls als e-book
(ISBN PDF 978-3-0356-1250-9; ISBN EPUB
978-3-0356-1184-7) und in englischer Sprache
(ISBN Print 978-3-7643-8666-5; ISBN PDF
978-3-0356-1276-9; ISBN EPUB 978-3-0356-
1216-5) erschienen.

© 2014 Birkhäuser Verlag GmbH, Basel
Postfach 44, 4009 Basel, Schweiz
Ein Unternehmen der Walter de Gruyter GmbH,
Berlin/Boston

Gedruckt auf säurefreiem Papier, hergestellt
aus chlorfrei gebleichtem Zellstoff. TCF ∞

Printed in Germany

ISBN 978-3-03821-522-6

9 8 7 6 5 4 3

www.birkhauser.com